ALEJANDRO COLLANTES DE TERÁN,
POETA DE SEVILLA

MARÍA DEL PILAR MÁRQUEZ GONZÁLEZ

Alejandro Collantes de Terán, poeta de Sevilla

SEVILLA, 1973

Publicaciones de la
EXCMA. DIPUTACIÓN PROVINCIAL DE SEVILLA
bajo la dirección de:
José J. Real Díaz (†) y Antonia Heredia Herrera

SECCIÓN LITERATURA
Serie 1.ª
Número 1

Depósito legal SE - 372 - 1973   I. S. B. N. 84-500-6025-7

Gráficas del Sur - San Eloy, 51 - Sevilla - 1973

El poeta a los veintidós años

A doña Teresa Sebastián,
con agradecimiento y afecto.

Uno de los aspectos de la labor del Departamento de Literatura Española va encaminado al estudio de la Literatura sevillana. El espléndido pasado literario de la ciudad obliga a que dediquemos nuestro trabajo al estudio de los diversos aspectos de la Literatura sevillana que, si bien es conocida en cuanto a los autores fundamentales, queda todavía mucho campo tanto para ampliar el estudio de estos autores, y también preparar mejores ediciones de sus textos, como para verificar el estudio de los otros autores que han quedado marginados en este conocimiento general. Nuestra labor se dedica también al estudio de las revistas, tan importantes para seguir el proceso de la Literatura.

Uno de los estudios que se han verificado en este Departamento ha sido el que aquí presento, escrito por María del Pilar Márquez González, sobre Alejandro Collantes de Terán y su vida y obra literaria, que fue su tesis de licenciatura, calificada en su día con la nota de sobresaliente por unanimidad en nuestra Facultad de Filosofía y Letras. Un trabajo de esta naturaleza se incorpora a las publicaciones de la Diputación Provincial como consecuencia de haber sido premiado en el concurso de monografías literarias que esta institución promueve. La vida y obra de Alejandro Collantes de Terán es una pieza más del vario panorama de la literatura sevillana del primer tercio de nuestro siglo. Por de pronto, la biografía que ha reunido María del Pilar Márquez traza la simpática figura de este escritor, relacionada con los que impulsaron fuertemente la creación literaria de la época. Su obra, establecida con gran conciencia

10

*y sobre los principios poéticos que se estudian en este trabajo,
resulta relativamente breve, como breve también fue la vida
de su autor. Pero, aun contando con esta brevedad, su función
en «Mediodía» resulta de primer orden, y tiene que ser puesta
a punto en cuanto a su conocimiento, como lo ha sido en el
presente estudio. En suma, que la labor de María del Pilar Márquez incorpora con plenitud una figura más a este conjunto de
la creación sevillana. El trabajo, minucioso en cuanto a su
realización, supone al mismo tiempo una valoración de la poesía
del autor, que se recoge íntegra en esta obra, y queda pendiente
la exploración de su prosa, de la que aquí, sin embargo, se dan
las noticias convenientes. La obra, pues, cumple con este propósito de nuestro Departamento de estudiar la Literatura sevillana, contribuyendo de esta manera a que la Universidad se ocupe,
no sólo de las cuestiones «universales» que son de su competen-
cia para la formación humanística del hombre actual, sino también de las cuestiones «locales», que pueden ser también la con-
tribución de estudios concretos que testimonien la vida intelec-
tual de la ciudad y, por tanto, la de Andalucía.*

Francisco LOPEZ ESTRADA
Universidad de Sevilla

Mayo de 1973

INTRODUCCION

Por dos motivos he elegido como asunto de este libro la personalidad y obra de Alejandro Collantes de Terán. En primer lugar, por su significación a escala individual en el ámbito literario local de su tiempo. Collantes de Terán nace en Sevilla a comienzos de este siglo. Era todavía un adolescente cuando en España, al igual que en otros países de Europa y de América hispana, comienzan a ensayarse nuevas fórmulas para la renovación poética, que cristalizan en los exaltados programas de los llamados «ismos». Pero a Collantes la efervescencia de estos pasajeros movimientos literarios no le convence por cuanto tienen de soluciones momentáneas e inmaduras en general. La auténtica renovación, tal como él la concibe, debe ser resultado de serena y profunda reflexión en torno al hecho poético y sus circunstancias. Es una advertencia que había aprendido en las clases de Pedro Salinas, y que tiene muy en cuenta a la hora de componer su primer libro de poemas, *Versos*. Con este libro publicado en 1926 se inscribe en la línea renovadora neopopularista de la generación del «27», si bien su neopopularismo, a diferencia del de Lorca y Alberti, presenta matices costumbristas de los que nunca se liberó totalmente, porque eran consecuencia del amor a la tierra inspiradora.

Pero su aportación al nuevo Siglo de Oro de la poesía española fue algo más que personal —aquí está el segundo motivo de mi elección—. Fundó, también en 1926, la revista «Me-

diodía», en torno a la cual se reunieron los escritores sevillanos contemporáneos para luchar por la depuración y autenticidad de la creación literaria. Y, gracias a la labor entusiasta de
este grupo, la poesía sevillana tuvo representación cabal en la
generación del «27». Sin embargo, a pesar de su importancia,
es aún poco conocida. Yo he pretendido recoger aquí la labor
en el conjunto del principal de sus miembros.

Me he dedicado fundamentalmente al estudio de la obra
poética, por la que figura en la historia de la literatura, y que
está contenida en *Versos,* «Mediodía» y *Poesías,* edición póstu-
ma del Ayuntamiento sevillano. Hubiera sido interesante para
un mejor conocimiento de su producción completa, recoger todos los trabajos publicados en revistas y periódicos, porque en
ellos desarrolló desde los diecisiete años una extensa labor digna de consideración atenta, ya que está enfocada hacia la difu-
sión y salvaguarda de la tradición artístico-literaria sevillana.
Pero el número de publicaciones en las que tengo noticia de
su colaboración asciende a veintiocho. Al obstáculo inicial de
este elevado número se suman la inexistencia de muchos ejemplares en los archivos consultados y la falta de una cronología
precisa para establecer una relación ordenada. Ante estas dificultades he creído más conveniente aprovechar el material re-
cogido para tomar citas que sirvan de ilustración a diferentes
puntos de la vida y obra del autor. Por motivos similares me
limito a dar en apéndice sucinta noticia de la obra inédita o,
al menos, de edición desconocida por mí hasta la fecha. Son
trabajos ordenados en cuadernos o sueltos, escritos desde 1916
a 1933. Aunque algunos no tienen fecha, he procurado mantener cierto orden cronológico dentro de la agrupación por géneros. La relación es, por consiguiente, incompleta y provi-
sional.

* * *

SISTEMA DE CLAVES EMPLEADAS EN EL ESTUDIO
DE LA OBRA EN VERSO

V   *Versos.*

M   «Mediodía».

P   *Poesías.*

A   Manuscrito (A_1, A_2, etc., cuando hay más de un texto).

B   Original mecanografiado. (La misma observación que en el caso anterior).

C   Recorte de prensa de lugar de edición desconocido.

Como textos base de cotejo he elegido por este orden: *Versos*, «Mediodía», *La Correduría de Sevilla, Romancillo de la Pureza* y *Poesías*. La numeración de los originales es arbitraria. No concedo preferencia cronológica a B_1 sobre B_2, por ejemplo, ya que, salvo contadas excepciones, no están fechados. La letra del autor hace suponer que son de fecha muy aproximada a partir de 1923 hasta 1926, en que fueron publicados con escasas variantes de importancia.

No anoto las variantes de puntuación porque no afectan notablemente al contenido y, en general, parecen deberse a descuidos en la impresión. Cuando no señalo variantes léxicas es porque sólo conozco una versión del poema o las que hay coinciden con el texto base.

En cuanto a la rima, la letra mayúscula indica consonancia; la minúscula, asonancia; y el guión, verso libre. Una barra inclinada marca final de verso, y dos, final de estrofa o de unidad. (Llamo «unidad» a cada una de las divisiones de un poema cuando no reúne las características propias de cualquier tipo de estrofa tradicional).

SISTEMA DE CLAVES EMPLEADAS EN EL ESTUDIO
DE LA OBRA EN VERSO

V   Versos

M   «Mediodía»

P   Poesías

A   Manuscrito (A¹, A², etc., cuando hay más de un texto).

B   Original mecanografiado (lo mismo observación que en el caso anterior).

C   Recorte de prensa de lugar de edición desconocido.

Como textos base de cotejo he elegido por este orden: Versos, «Mediodía», La Corredera de Sevilla, Romancillo de la Pintora y Poesías. La numeración de los originales es arbitraria. No concedo preferencia cronológica a B sobre B², por ejemplo, ya que salvo contadas excepciones, no están fechadas. La labor del autor hace suponer que son de fecha muy aproximada a partir de 1925 hasta 1932, en que fueron publicados con escasas variantes de importancia.

No anoto las variantes de puntuación porque no alteran notablemente el contenido y, en general, parecen deberse a descuidos en la impresión. Cuando la señalo variantes léxicas es porque sólo conozco una versión del poema o las que hay coinciden con el texto base.

En cuanto a la rima, la letra, mayúscula, índices consonancia minúscula, asonancia; y el guión, verso libre. Una barra inclinada marca final de verso, y dos, final de estrofa o de unidad, (blanco aunque) a cada una de las divisiones de un poema cuando no reúne las características propias de cualquier tipo de estrofa tradicional.

PRIMERA PARTE

VIDA

Casa natal del poeta

I. NACIMIENTO, INFANCIA Y JUVENTUD

Linaje familiar

Alejandro Collantes de Terán y Delorme nació en Sevilla, el día 2 de diciembre de 1901, en la casa número 30 de la calle Castelar. Fue el tercero de los catorce hijos que tuvieron Don Antonio Collantes de Terán Martínez y Doña Dolores Delorme Cebrián. A propósito de este nacimiento diría más tarde Joaquín Romero Murube que «la nobleza española y el *esprit* francés se fundieron en el más puro ángel de Sevilla» [1]. Efectivamente, Doña Dolores era de ascendencia francesa; su apellido Delorme es castellanización del francés Delorm, y por línea paterna Alejandro descendía de una hidalga familia oriunda de la provincia de Santander. Ambos apellidos, Collantes y Terán, aparecen unidos por la preposición ya en el siglo XVIII. A comienzos del XIX la familia se traslada a la Andalucía oriental y a finales de siglo encontramos establecidos en Sevilla, en la casa número 32 de la calle Argote de Molina, a los abuelos paternos del futuro poeta, Don Francisco de Paula Collantes de Terán Caamaño y Doña Mercedes Martínez Reina.

Don Francisco fue una personalidad ilustre en la Sevilla de su tiempo. Manuel Chaves, en una biografía publicada en

---

1. Romero Murube, Joaquín. Prólogo a las *Poesías de Alejandro Collantes de Terán*. Ed. del Patronato de Publicaciones del Ayuntamiento de Sevilla. Sevilla, 1949, pág. 14.

«El Correo de Andalucía»,[2] señala su inclinación a la literatura desde muy niño. A los diecinueve años publicó su primer trabajo. Dirigió el semanario literario «Sin nombre», fundado por él el 7 de diciembre de 1847. Además de una serie de obras —novela y teatro— que escribía por pasatiempo, lo más destacable fue su colaboración en «Archivo Hispalense», «Ilustración Bética» y en la revista de la Sociedad Arqueológica sevillana, centro del que fue nombrado secretario en 1870. En estas publicaciones insertó trabajos de temas históricos y arqueológicos sevillanos. Gracias a su iniciativa se instaló en Sevilla la biblioteca de la Sociedad Económica de Amigos del País.

Igualmente Doña Mercedes fue mujer muy instruida, de gran temperamento y aficionada también a la literatura.[3] Su casa fue punto de tertulia a las que concurrían notables figuras de la vida cultural hispalense.

El padre de Alejandro fue licenciado en Derecho Canónico y doctor por la Facultad de Filosofía y Letras de la Universidad Literaria de Sevilla, en la que rigió la cátedra de Lengua y Literatura latinas, y donde anteriormente había ejercido como profesor de Lengua y Literatura españolas. Fue rector desde el 9 de febrero de 1914 hasta su dimisión, el 10 de septiembre del año siguiente.

Primeros estudios y primeros pasos como escritor

No lejos de su casa, en la escuela mixta de Doña Manuela, sita en la calle Otumba, hizo Alejandro sus primeras letras. Allí las aprendieron también sus vecinos y amigos los Gonzá-

---

2. Chaves Rey, Manuel. *Biografía del Iltmo. Sr. Don Francisco de Paula Collantes de Terán.* "El Correo de Andalucía", 15 de septiembre de 1895.

3. Don Juan Collantes de Terán me facilitó un cuadernillo manuscrito en el que, además de cuentos y novelas cortas muy del gusto de la época, originales de Doña Mercedes, hay una extensa y curiosa colección de refranes y dichos recogidos por ella misma.

lez-Nandín, el sobrino de éstos, Juan Sierra, amigo fraternal del poeta desde entonces, y María Teresa Sebastián, que en 1930 habría de convertirse en su esposa.

En 1908, tras superar la prueba de ingreso en el Instituto Técnico San Isidoro, ingresó en el colegio del Inmaculado Corazón de María emplazado en la Plaza de Villasís, en una casa palacio recientemente donada a los jesuítas por el marqués de Villasís. Allí realiza el bachillerato con brillantes resultados, distinguiéndose en las asignaturas de letras con calificaciones de sobresaliente y matrícula de honor. Su hermano Francisco, el primogénito, era de un curso superior a él, y en cursos inferiores estaban algunos de los que más tarde compartirían tantos momentos de su vida: Carlos Casajuana, Manuel Mergelina, José María del Rey, Pablo Sebastián, hermano de María Teresa, y Romero Murube. Juan Sierra, compañero de curso del poeta, destaca en él su «inteligencia y agudeza y, sobre todo, su compañerismo. Era excelente amigo, dinámico y servicial en todo momento. Y como buen estudiante sabía distribuir el tiempo entre el estudio y sus aficiones. Leía con avidez todo libro que caía en sus manos. Le gustaban preferentemente los relatos de aventuras. Ya de joven centraba su atención en los clásicos y en los escritores contemporáneos y coetáneos: los Machado, Salinas, Alberti, Lorca y otros escritores locales, amigos y profesores, encabezados por nuestro querido José María Izquierdo. Alternaba la lectura con la labor creativa para la que poseía admirable capacidad en cualquier momento».[4]

---

4. Información oral. A propósito de esto, Doña Teresa Sebastián me contó que en cierta ocasión los padres franciscanos de San Buenaventura habían solicitado de su marido una pieza cómica para representarla en una fiesta comunitaria. Por aquellos días la recién casada pareja se disponía a emprender el viaje de bodas y Alejandro tuvo que retrasar el cumplimiento del encargo. Apurado por la falta de tiempo escribió la obrita la tarde del mismo día de regreso. Esta anécdota es el único dato que conozco de la obra. Doña Teresa no recuerda el título ni tiene seguridad de que llegara a representarse. Otros informantes la ignoran. Tal vez pudiera tratarse del sainete *La perseguida hasta el catre*, historia de una chinche que siembra la alarma en un convento de frailes. Según Don Antonio González-Nandín, Alejandro escribió una obra así titulada a petición de los padres capuchinos, pero dio a su información un valor conjetural.

La primera muestra de esta labor creativa de la que tengo noticia son unos versos dedicados a María Teresa, el amor platónico de estos años de bachillerato. Alude a ellos en un romance titulado *Memorias de un antiguo alumno*, fechado el 23 de enero de 1931, en el que evoca los años de colegio y agradece las enseñanzas a sus profesores, entre ellos al padre Puig, «a quien debo —escribe— mi vocación, que en su clase compuse mi primer verso (por cierto a una niña, entonces, hoy mujer, que me está oyendo)». Alejandro despierta, pues, a la poesía cantando al amor con el entusiasmo idealista de su corazón quinceañero.[5]

Los años universitarios

Terminado el bachillerato en julio de 1917, se matricula como alumno libre en la Facultad de Filosofía y Letras, y al año siguiente comienza la carrera de Derecho, que dejó inconclusa. Paralelamente inicia su actividad como escritor en el mundo del periodismo, al que quedó vinculado hasta su muerte. El primer trabajo impreso fue un artículo titulado *Lo ocurrido en Granada,* que apareció el 10 de enero de 1918 en «El Liberal», «El Noticiero Sevillano», «La Gaceta del Sur», «La Unión Ilustrada» y «República». Comentaba con indignación la muerte de dos compañeros caídos ante las puertas de la Universidad por los disparos de dos representantes de la autoridad, cuando participaban en una manifestación de protesta contra la política caciquista de Lachica y Borbolla. Pero su línea no es ésta. El exaltado fervor político está ausente de su espíritu y de su obra como de la mayor parte de los jóvenes de su generación hasta los acontecimientos de 1930 en adelante. De hecho, sólo

---

5. La revista "Mediodía" en *Fichas para una biografía de Alejandro Collantes de Terán* (n.º 16), da noticia de su colaboración "casi infantil" en la revista "Musarañas". No sé qué edad significa esta expresión y, por tanto, si esta colaboración es anterior a los versos de que habla Alejandro. De todas formas, es desconocida para mí.

conozco dos artículos suyos de tono político: el que acabo de
reseñar y uno que con el título *Página de luto* publicó la revista «Universidad» el 7 de febrero de 1920. Era un recuerdo
elogioso del catedrático de Derecho político Don Alberto Jar-
dón, por haber dirigido una manifestación pública organizada
por los estudiantes sevillanos con motivo de los sucesos de
Granada.[6]

La misión que se propuso como periodista fue velar por
Sevilla, proteger su tesoro artístico y sus tradiciones. Y esta
misión la realizó a través de una doble vertiente —y por amor
a arte, ya que sus colaboraciones eran gratuitas; sólo después
de casado le pagaron algunas—: como crítico y comentarista
de la actualidad sevillana denunció en «El Noticiero Sevillano»
la indiferencia de sus conciudadanos hacia el aspecto cultural
de la ciudad, instando a las autoridades a cuidar de ella. En
la segunda vertiente, de carácter informativo, recogió los frutos de una constante labor investigadora para aportar un poco
más de luz sobre la vida de la ciudad, su pasado y su presente.
«Quiero estar atento —explicaba la razón de estas colaboraciones— a las manifestaciones artísticas que se producen en el
escenario de la actualidad, y recoger en un memorándum de
emociones los adelantos conseguidos, a fuerza de labor, por los
espíritus que puramente glorifican el nombre de Sevilla».[7]
Entre estos espíritus se encontraban sus maestros más admi-
rados: José María Izquierdo, Joaquín Hazañas, Francisco Murillo y Celestino López Martínez, tío del autor, cuyas lecciones
estimularon su afición por la arqueología. Los artículos de este
carácter aparecieron en «El Noticiero Sevillano» de 1922 a 1930,
y en la sección «Evocaciones sevillanas», que desde 1929 llevó
Alejandro en «ABC».

6. En este terreno, la única declaración expresa de postura que conozco de
él está en el artículo *Una exposición ejemplar,* referido a una de arte religioso
celebrada en Rouan, y que apareció el 15 de julio de 1932 en la revista "Hogar"
de Madrid. Alejandro se confesaba "católico antes que amador del arte", a la vista
de las difíciles circunstancias que por aquellas fechas atravesaba el país.

7. Collantes, Alejandro. *Comendador - Grosso.* "El Noticiero Sevillano", 6
de marzo de 1926.

Con anterioridad a estas colaboraciones, desde 1919 a 1921, había publicado en revistas juveniles crónicas de la vida universitaria, poesías amorosas, comentarios diversos y algunos artículos de crítica literaria, interesantes por la atrevida originalidad de los juicios respecto al panorama literario del momento. La entrada en la Universidad supuso para Alejandro el encuentro con su mundo en el que se sumerge de lleno para dedicarse casi con exclusividad a la actividad literaria. En abril de 1919 Vicente Lloréns y Franco fundó la revista «Universidad» con el propósito de «proteger a los escritores noveles». Siendo de publicación quincenal, se mantenía fundamentalmente con aportaciones de estudiantes sevillanos y alcanzó un año justo de vida. Alejandro fue su redactor jefe desde el número 15 y escribió asiduamente en ella. Tenía a su cargo dos secciones: «Desde las aulas», especie de crónica-anecdotario de la vida estudiantil, y «Cartas a Ella», apasionadas declaraciones de amor a María Teresa, en las que se lamenta de no ser correspondido. Por circunstancias que más adelante mencionaré, casi todos los trabajos iban firmados con seudónimos. Las iniciales de tres de ellos coinciden con las del autor y con las de María Teresa; así: «Alexandre», «Adolfo Centauro» y «Mauricio de Torre-Sacra», pero en los demás no se da esta relación: «Julio de Abril», «El poeta Juan N. Tirado», «El poeta Bernardo», «David Augusto de Bal», «Javier Arenal» y «Henario Bon».

Algunas de las poesías publicadas en esta revista y en otras revistas y periódicos no identificados,[8] estaban recogidos en un cuaderno manuscrito titulado *Ideario de estudiante,* que contiene cincuenta y cuatro trabajos fechados entre 1917 y 1919. Los escritos en verso son, con escasas excepciones, de carácter amoroso y de corte becqueriano; en especial, los que dedica a María Teresa imitan directamente las más desespe-

---

8. Los recortes podrían ser de algunas de las revistas que Mario Méndez Bejarano cita en su *Diccionario de Escritores, Maestros y Oradores naturales de Sevilla y su actual provincia* (Sevilla, 1922, tomo I, apéndice 1, pág. 241). Son las siguientes: "Higea", "Semana gráfica" y "La Exposición".

radas rimas de Bécquer. Los títulos no dejan lugar a duda: *¡Era... un beso!*, *¿Por qué me has abandonado?*... Lo mismo puede decirse de cuentos cortos como *En el delirio de la fiebre*, *Enferma* o *Embriaguez*, que siguen bien de cerca la temática y estilo de las leyendas. Ordenándolos cronológicamente podemos seguir paso a paso el proceso de las relaciones amorosas de la pareja, desde las vicisitudes tristes de los primeros años —ausencias, olvidos, rivalidades con algún compañero— hasta que ella decide aceptarlo. Sin duda, el valor más destacable en estos trabajos es la sinceridad de cuanto en ellos se dice. El mismo Alejandro en el prólogo, que califica de «autojuicio literario», advierte que su «faena» es de minúscula talla, pero realizada con empeño, respondiendo a la necesidad de expresar sentimientos verdaderos.

Diferente desde todo punto es la colaboración prestada en la revista «Villasís» del colegio de los padres jesuítas. Publicó en ella cinco trabajos desde 1919 a 1922. El más interesante es el primero, un monólogo que él mismo declamó en un festival celebrado en el teatro San Fernando por los estudiantes de la Universidad Literaria. Se titula *Poesía... eres tú* y apareció en el número 1 de la revista, correspondiente a septiembre de 1919. Es un monólogo satírico contra los poetas modernistas encabezado por un canto a la esperanza. Alejandro intenta explicar al público qué es poesía modernista y, tras afirmar que «poesía modernista es lo mismo que... no decir nada..., nada que sea antiguo», para mostrar la facilidad técnica de su composición, escribe unos ejemplos. En ellos ridiculiza el prosaismo del poeta modernista, su rebuscamiento léxico y afición por los vocablos exquisitos y biensonantes en pro de la musicalidad del verso. Satiriza el gusto por los temas árabes y medievales, o por la mitología, como en este disparate poético que titula *Nostalgioterapización:*

Amada Himea, que repercuteas
voz calambra de fúlgido ignoto,
capristol fierotarco que humeas
volicón de Ascatrul, pril de loto.

Tú pardeas mezquinos blasones,
abismal de sedientas arpías,
(te trasunto entre pardos melones
y entre rojas facientas sandías).

Sol ha muerto, prigmada de Euclimes,
cual Faetón otrosí discursivo,
y cabalga, cual trova de Nimes,
en la gama abultiva del chivo...»

Como ésta, las demás poesías son también curiosos juegos de versificación, caprichosas combinaciones métricas y rítmicas con abundancia de rimas ripiosas, retahilas de palabras vacías de contenido, muchas de ellas inventadas.

Con la misma intención paródica alertaba a los lectores de las innovaciones que en aquellos momentos se estaban produciendo en la literatura, especialmente en poesía, en un artículo titulado *Los camelistas, neocamelistas y otras yerbas,* que fue publicado el 13 de noviembre de 1921 en el número 2 de la revista «Juventud», órgano de expresión de la Juventud Antoniana Hispalense, que Alejandro dirigía. En este artículo advertía que algunas innovaciones no eran sino verdaderos camelos, y que la necesidad de renovación poética respondía al hecho de que «los poetas lo han cantado todo, desde unos ojos negros como la tinta de la China» hasta «un paraguas rojo como las amapolas». Y como todo lo cantaron hicieron falta nuevas orientaciones: «El poeta se arrojó del lecho poseído de todos los demonios: ¿De qué ni de quién escribiría él nada? Todo había sido dicho en poesía; él escribiría una poesía para no decir nada, y tomó la pluma y dio a luz:

Noche —música— tarará...
Un palo telegráfico en sí
Una sardina argéntea en ré».

A continuación aludía a la dificultad que esta literatura suponía para el público a causa de las alteraciones tipográficas: «Nadie le comprendió [al citado poeta]; aquello era nuevo, revolucionario, único, y todos los que no sabían escribir escribieron, y unos y otros se admiraron, con la ventaja de que cada cual era un innovador: este torcía los renglones, aquel arqueaba las palabras, y los cajistas entre maldiciones no dejaban de comprender que aquello era arte, y literatura, y... la mar...».

Hacía también referencia a la escuela de los «camelistas» y «neocamelistas», esta última surgida tras decaer la primera, pero continuadora de su programa de acción enunciado por su supuesto fundador, el escritor ruso Volensko Tunlakocg: «Ojo, que la vista engaña: el poeta debe ver las cosas tal como las ve, sin preocuparse de cómo son». Entre las «otras yerbas» incluídas en el título se encuentra la que denomina «escuela crítica», cuyo método fácil para aprender la composición de grandes poemas orientales dice: «Se escribe una línea y otra que rime, y cuando el consonante no caiga por su peso, se pone con valentía una palabra nueva, en camelo, que parezca árabe, aun cuando en realidad no lo sea».

Así, medio en serio y medio en broma, Alejandro ponía en tela de juicio la autenticidad de los nuevos «ismos» y del ya declinado modernismo. En el fondo de esta divertida crítica ridiculizante bullía la preocupación por desenmascarar el juego poético que, disfrazado de poesía nueva, se escondía en algunos de estos avasalladores movimientos. A los veinte años Alejandro vivía inquietamente el acontecer en el mundo de las letras, y no como uno más dentro del grupo de intelectuales universitarios, sino como incansable promotor y animador de actividades literarias.

El 23 de junio de 1922 obtiene la licenciatura en Filosofía y Letras en la sección de Historia, y más tarde se le concede el premio extraordinario por su trabajo *La revolución francesa, 1789-1815*. De esta fecha es la publicación de su pieza teatral *Zamorita*, un sainete de corte quinteriano escrito en colaboración con Rafael Gutiérrez Ravé, que se estrenó con éxito en el teatro Cervantes de Sevilla el 4 de enero del mismo año. También por estos días se traslada a la casa número 2 de la calle Escuderos, tras la muerte de su madre, acaecida el 21 de septiembre de 1921. Cuando ocurrió, Alejandro se encontraba en Sevilla con su hermana Dolores, mientras el resto de la familia pasaba las vacaciones en la propiedad «Huerta de las Mercedes» en Dos Hermanas. El día 5 del mismo mes había fallecido su hermano José, recién terminado el bachillerato en Villasis.

Alejandro y el Ateneo

De 1922 a 1924 cumple su servicio militar en el Regimiento de Artillería ligera, que entonces ocupaba el edificio de la Fábrica de Tabacos. Allí conoció a Manuel Halcón, que pertenecía a su misma batería. Con él compartía la luz de una vela en las lecturas nocturnas. Alejandro se dedicaba a los clásicos: a Anacreonte concretamente.

En marzo y noviembre de 1924 la colección «La Novela del Día», que dirigía José Andrés Vázquez, le publica dos novelas cortas: *La Plaza de Doña Elvira* y *A su imagen y semejanza*. Ambas son autobiográficas y de hechura costumbrista. De este año es también la novela inédita *¡Por una rubia!*, en la que Bernardo cuenta sus amores por una joven rubia (como María Teresa). Por entonces Alejandro mantenía ya relaciones formales con María Teresa. Pero el noviazgo encontró dificultades en sus comienzos. Los padres de ella recelaban del galán por su afición a la literatura; no la creían profesión idónea para un hombre, ni la más segura para el mantenimiento económico de una familia. Sin embargo, la pareja contaba con un buen aliado, Pablo, hermano de la novia y fiel amigo de Alejandro, a quien ayudaba proporcionándole información de los pasos que daba Teresa e ideando las tretas más originales para facilitar sus encuentros con ella. «Durante una de las separaciones que sufríamos —me dijo ella— Alejandro hizo llegar a mis manos una novela que acababa de escribir, en la que relataba veladamente la historia de nuestro noviazgo. La tituló *A su imagen y semejanza.*

De las separaciones sabemos por el propio autor. En un artículo titulado *La muerte de María Gloria* [9] se dirige a la mujer de este nombre comunicándole la tristeza y soledad que siente porque ella ha muerto en primavera: «Me la mató su madre. La mató como a un pajarillo que se aprisiona en una jaula de brillantes raros. Su madre se la llevó un día por el camino del cariño hacia un pabellón de oro». (El pabellón simboliza los lugares donde Doña Teresa Cantó mantenía a su hija alejada del persistente cortejador, tal como acontece en las novelas mencionadas). Descubierta por la madre la verdadera identidad de María Gloria, Alejandro decide hacerla desaparecer: «Y tú ya no eres María Gloria, eres Cipresina. María Gloria: para seguirte queriendo digo que estás muerta. Cipresina: mi rápido pensamiento como una saeta te busca». Por esta misma razón Alejandro cambiaba constantemente de seudónimo.

El 1 de diciembre de 1925, por concurso oposición, ingresa en el cuerpo de funcionarios auxiliares administrativos del Ayuntamiento. Romero Murube y José María del Rey ganaron la misma oposición. Alejandro trabajaba en la sección de personal y percibía treinta y siete duros mensuales. Este mismo año el presidente del Ateneo, Don Fernando Barón y Martínez de Agulló, conde de Colombí, idea la celebración de unas conferencias de divulgación, guiado por el «deseo de difundir la cultura por los barrios sevillanos, de forma tan altruista como

---

9.   Por la clase de papel y la tipografía podría tratarse de una hoja perteneciente a un ejemplar de la revista "Juventud".

simpática».[10] En ellas se trataron los más variados temas, desde literatura hasta higiene. Tuvieron lugar en las casas de vecinos o «corrales». Algunas se celebraron en pueblos de alrededor. Alejandro, que pertenecía a esta asociación desde que entró en la Universidad, se volcó con entusiasmo en esta campaña de instrucción popular, participando como conferenciante en cinco ocasiones. En la velada inaugural, celebrada el 23 de junio de 1925 en el llamado «Patio de los Artistas», disertó sobre *La gracia en el pueblo*.[11] La siguiente conferencia, de contenido similar, tuvo lugar el 24 de julio en la «Casa de Estudios» [12]. El 17 de julio de 1926 la velada tuvo por escenario el patio de la casa núm. 4 de la calle Levíes. Alejandro leyó algunas composiciones de su recién publicado libro *Versos*.[13] Pero quizá la conferencia más simpática fuese la titulada *La guasa* (*Divagación sin importancia*), que dedicó a Don Ramón de Manjarrés.[14]

Hablaba en la introducción de la fama de la Sevilla de pandereta, hecha para el turista, y cuyo símbolo debió ser «una navaja en una liga de colores nacionales, una montera y un trabuco»; y de la Sevilla moderna, amenazada en la pureza de sus costumbres. Concluía el preliminar exhortando al pueblo a velar por ella, para que los vocablos «tipismo», «sevillanismo» y «carácter» recobrasen su genuina significación. En el desarrollo del tema comenzaba citando dos definiciones contrapuestas de la palabra «guasa», tomadas del diccionario de la R.A.E. Consideraba que esta es una profesión difícil que requiere vocación y acertado ejercicio porque su finalidad es servir de alegría y entretenimiento al prójimo; el humorismo, en cambio, es una crítica moralizadora. Terminaba la disertación proponiendo la elaboración de un «Tratado de la Guasa» en el que

---

10. González, Benigno. *Tiempo pasado. Cuando el Ateneo llevó la cultura a los corrales sevillanos.* "ABC", 18 de julio de 1969.

11. García Bravo - Ferrer, Miguel. Memoria del curso 1925 - 26 del Ateneo.

12. Idem, pág. 72.

13. "El Noticiero Sevillano", 20 de julio de 1926.

14. Idem, 24 de agosto de 1926.

se recogerían ocurrencias de autores del género y se consignarían las colectividades dedicadas a su cultivo, como la llamada «Sociedad de la Pascua», cuyos miembros hacían reir a fuerza de «malange». Este tratado reflejaría el espíritu de un pueblo, de una época.

El 28 de agosto los ateneístas se trasladaron a Villaverde del Río. Allí pronunció Alejandro su última conferencia de esta campaña. Se tituló *Consejos literarios* y versó en torno a los peligros de la mala literatura. Criticaba especialmente la folletinesca, que se recrea en el dramatismo sentimentaloide y facilón, y en lo heroico y extraordinario de la vida.[15]

Aparte de esta actividad ocasional, su labor en el Ateneo fue continua, fecunda y variada,[16] desde que en 1924 realizó como bibliotecario la catalogación de dos mil volúmenes adquiridos por el centro, de los cuales, la mitad había sido cedida por la familia de Izquierdo. Idea suya fue también la creación en este año de unos certámenes literarios para optar al premio «José María Izquierdo». Pero, si por medio de estas conferencias, recitales y otras actividades, Alejandro había definido ampliamente su personalidad de literato y, como tal, tenía ya un puesto prestigioso en las letras locales, su consagración definitiva acaecerá, según veremos a continuación, en 1926.

Hasta aquí, la imagen que el lector habrá podido formarse de él es la de un joven enamorado de su vocación, desperdigado en una variedad de quehaceres que lleva a cabo con afán, y, por eso mismo, en apariencia, sin un camino determinado dentro de la creación literaria. No es así, sin embargo. Alejandro había cultivado casi todos los géneros: el ensayo, bajo la forma de divagación erudita —aprendido de Izquierdo— en algunos artículos periodísticos; el cuento, la novela, y el teatro en

---

15.   Idem, 31 de agosto de 1926.

16.   Me ha sido imposible conocerla en su totalidad porque en los archivos del Ateneo no existe una catalogación ordenada de los ejemplares de las memorias de curso ni tampoco de los libros de prensa, y aquellos que he podido consultar están muy incompletos.

prosa y en verso; pero, sobre todo, la poesía. Esa era su verdadera inclinación. Vivió en el período de plenitud del nuevo
siglo de oro de la creación poética. Despierta a ella en un momento de incertidumbre, cuando los «ismos» se suceden buscando el camino de la renovación estética. Pero simultáneamen-
te siente nacer en él el amor cuando conoce a María Teresa y
escribe abundantes versos teniendo por modelo a Bécquer. Para
su corazón adolescente la literatura es ante todo una vía de
comunicación con el ser amado —casi la única—. No obstante,
en el plano estilístico, los primeros trabajos, tanto en prosa
como en verso, son interesantes por cuanto se advierte en ellos
la intención de forjar una manera de hacer personal y distinta:
frases cortas con frecuente uso del punto y coma y del punto,
concisión, sustantivos abstractos con iniciales mayúsculas, y especial cuidado en la selección de un léxico sencillo, elegante,
pero sugerente y lleno de significación. (Más adelante daré una
muestra). Todo ello teniendo siempre presente los modelos ya
clásicos como Bécquer y Machado. Incluso en la versificación
no se separó de ellos: de la lira y el cuarteto-lira pasó después
al romance octosílabo, a la seguidilla, a la redondilla y a otras
estrofas tradicionales. En estas creaciones primerizas está ya
configurado, por tanto, su posterior estilo, el de *Versos* y «Mediodía», libro y revista en los que cristalizan sus aspiraciones
en el terreno de la creación poética.

II 1926: SU CONSAGRACION COMO POETA

I. VERSOS

Aunque es posterior a la aparición de «Mediodía», me ocupo antes de este libro porque la importancia de la revista, no sólo desde el punto de vista literario, sino por cuanto representó para Alejandro como sueño logrado, hace que la considere detenidamente en este segundo capítulo.

Versos fue el primer libro de poemas de Alejandro, el único libro de poemas editado en vida. La colección de la revista lo publicó el 15 de julio de 1926. Fernando Bruner, el chileno amigo del grupo, que se encontraba entonces en Sevilla, fue testigo del entusiasmo y esmero con que el autor preparó la edición: «Cuántos y cuántos versos nos decía Alejandro lindamente, con el acento de su prosodia sevillana, acodados a su alrededor en este o esotro mesón, cuando no los leía a la luz de un farol, embelesados con su decir ocurrente en el que retozaban con agilidad ingenuas y bellísimas metáforas y caudales de sano regocijo.

«Ordenaba él por esos días su primera publicación de poesías, *Versos,* ese librito pulcro, candoroso y menudo que tanto acarició y en cuyos cánones y técnica de ajuste me cupo —a requerimiento suyo— una modesta intervención».[17] En efecto,

---

17. Bruner Prieto, Fernando. *Recuerdo sentimental* en *La Corredería de Sevilla* de Alejandro Collantes. Sevilla, primavera 1946, pág. 13.

el tomito atrae por su aspecto exterior. Es como un pequeño códice encuadernado en color rojo vivo. Alejandro lo quería breve, manejable. Este es el «Consejo del autor a su libro»: «Sé pequeño, libro mío: discreto en tu parvedad y para envidias huidizo [...] para que te lleven siempre las manos de mis amigos». El contenido íntimo, emotivo, es la primera manifestación hecha poesía de su amor a la vida y a la tierra andaluza.

También en 1926 escribe *La Correduría de Sevilla*. Confió la publicación de este poema a Bruner, que cumplió el encargo veinte años más tarde. El fue el segundo en conocerlo (el primero, Juan Sierra). Lo oyó de labios de Alejandro una mañana abrileña. Así lo cuenta: «Otro día, a pleno sol, otro de tantos, bajo el sortilegio y el olorizar de esa primavera inolvidable, ganamos con Alejandro el compás de Santa Clara, y allí, sin más testigos que la recatada torre de Don Fadrique y la mirada impávida de dos cigüeñas monásticas que montaban guardia coronando la espadaña del convento, leyóme *La Correduría de Sevilla*.[18] Semanas más tarde Bruner recibía emocionado el pequeño manuscrito: «Nunca olvidaré el día que me entregó el expresivo *códice* y cómo lo celebramos en «Las Escobas»... Al regocijo infantil de Alejandro iba abrazada mi gratitud.

«Me comprometí a imprimir los bien rimados versos con sabor de barrio. Su disposición debía ser original; su caja tipográfica, diminuta; los tipos, del cuerpo seis».

—«Será el libro más pequeño de Sevilla», me decía.

«Argüíale a mi vez que por mucho empeño que pusiéramos distaría mucho para aplicarle los cánones de «libro» porque las ocho estrofas no daban más allá de cuatro páginas».

«Como para él fue siempre un afán y un agradable pasatiempo, que le atraía y preocupaba, todo lo perteneciente a las artes del libro, entreteníamos las horas acariciando ideas encaminadas a hacer estirar aquello. Comoquiera que sea, Alejandro tuvo la feliz iniciativa de allegarle ilustraciones».

18. Idem, pág. 35.

«Y nos pusimos en movimiento para buscar el artista amigo que se aviniese a nuestras prisas y exigencias, porque éstas, sí, eran muchas. Pero en Sevilla, generosa para todo, se da hasta lo imposible y así, cómo no, dimos con el gran José Parrilla, siempre complaciente y bien humorado, aunque por esos años no tan fácil de retener durante el día. La feliz y adorable bohemia no conocía entonces la marcha del tiempo ni la ruta del sol; tampoco las preocupaciones intrusas que enredan el ir y venir de las horas...».[19]

La primera viñeta, la Correduría vista desde un balcón de la calle Europa, la obtuvieron aquel mismo año. Para ver las demás hubieron de esperar varias primaveras. Después pasó el tiempo. Veinte años. La «pecadora indolencia» de Bruner dejó que escaparan sin cumplir la promesa hecha al amigo. Por fin, en la primavera de 1946 —recordando aquella otra— los versos de Alejandro vieron la luz en Sevilla, donde habían sido concebidos. Bruner se esmeró en presentarlos tal como su autor deseaba. Como veremos más adelante, constituyen una pintura costumbrista de este pasaje sevillano.

II. SU OBRA EN «MEDIODIA»

El milagro de «Mediodía»

En el mes de junio de 1926 nace en los talleres de la imprenta sevillana de Mejías y Susillo (n.º 8 de la calle San Eloy), la revista «Mediodía». Y pudo nacer gracias al alfiler de corbata del caballeroso Manuel Halcón, que Alejandro empeñó en trescientas pesetas, lo justo para pagar el papel del primer número. El impresor, amigo del grupo, no quiso cobrarles nada por su trabajo. Oí la anécdota por vez primera contada por Juan

---

19. Idem, págs. 37 - 39.

Sierra, posteriormente me la refirió Halcón en persona, y Juan de Dios Ruiz-Copete la recoge en su libro Poetas de Sevilla.[20]

Pero si el nacimiento de la revista fue milagroso, más lo fue aún su subsistencia, porque vivió gracias a la protección del señor Arceniaga, personaje inventado por Alejandro para salvaguardar su calidad literaria y defenderla de sus acreedores. «Arceniaga era un peregrino señor creado por la imaginación de Alejandro Collantes, dueño absoluto de «Mediodía», amantísimo de la literatura nueva y que, en última instancia, ordenaba y decidía sobre los originales que habían de publicarse. No hay que decir que Arceniaga era, además, quien sufragaba todos los gastos de la revista».[21] Alejandro asumió el cargo más difícil: la administración, y en frecuentes ocasiones costeó las facturas de su propio bolsillo. «Fue el alma de la revista. Sin él los poetas de Sevilla hubieran continuado dispersos y «Mediodía» no habría existido».[22]

Pero, a pesar del entusiasmo y generosidad de sus colaboradores y amigos, la revista vivió a salto de mata. En marzo de 1933, tres meses antes de la muerte de Alejandro, dejó de publicarse. Salió de nuevo en 1935 y volvió a desaparecer tras cuatro números. Su última reaparición fue en 1938. Las dificultades económicas, la disolución del grupo y la guerra acabarían definitivamente con ella.[23] «Su periplo fue, como puede observarse, además de efímero irregular —indica Ruiz-Copete—, pero de ninguna manera loca aventura frustrada, porque «Mediodía» puede considerarse como una de las revistas poéticas que con más contenido cumpliera, por propio derecho, la exacta perfección de un ciclo.[24]

---

20.   Ruiz - Copete, Juan de Dios. *Poetas de Sevilla. De la generación del "27" a los "taifas" del cincuenta y tantos*. Publicación de la Caja de Ahorros Provincial de San Fernando de Sevilla. Sevilla, 1971, págs. 85 - 87.

21.   Romero Murube, Joaquín. *Sevilla en los labios*. Luis Miracle, editor. Barcelona, 1943, segunda ed., pág. 124.

22.   Información oral de Don Carlos García Fernández.

23.   Para todo lo referente a la vida de la revista, ver *Indice biográfico de la Revista "Mediodía"* de Juan Valencia Jaén. Archivo Hispalense, 1960. Tomo **XXXIII**, números 103 - 104.

24.   Ruiz - Copete, Juan de Dios. Op. cit., pág. 85.

Una comunidad poética

Los escritores de «Mediodía» tenían esa conciencia de grupo que algunos críticos consideraban fundamental para reafirmar su coherencia y unidad. Romero Murube escribía en 1943: «A la generación literaria de J. M. Izquierdo, M. Romero Martínez, Cortines y Murube, y del grupo de la revista «Grecia» [...] sucedió cronológicamente en Sevilla la del grupo «Mediodía».[25]

Dado el nivel cultural de los miembros de este grupo, universitarios casi en su totalidad, dedicados a la enseñanza o en estrecho contacto con ella a través de la crítica, la erudición, etcétera, Alejandro había apuntado en 1927: «Bien podría hablarse ya de una «generación universitaria», y citaba algunos de sus componentes: «Machado, Salinas, Jorge Guillén, G. Diego, M. Bacarisse, G. de Torre, J. Bergamín... Estudiantes en Sevilla: Pedro Garfias, Luis Cernuda, J. Romero Murube, Rafael Laffón, Fernando Labrador».[26]

Recientemente Juan Sierra, refiriéndose a las relaciones entre los escritores del grupo «Mediodía», aclaraba que en aquella «generación de escritores sevillanos y no sevillanos» «no existió nunca discriminación que implicase un esplendor o un servicio. Ni siquiera un «esplendor de servicio». Todos sus miembros eran iguales y acordes, con uniformidad sencilla y humilde. Lo mismo en el orden literario que en el personal, jamás la vanidad o el creerse unos más que otros, tentó a sus componentes; esto llegó hasta el punto, de que nadie entre ellos, ni aún los que la dirigían, pretendió publicar en la revista, si su colaboración no era solicitada por los demás. De ahí la libertad y fortaleza de «Mediodía» para rechazar o admitir originales según su juicio».[27]

25. Romero Murube, Joaquín. *Sevilla en los labios.* Op. cit., pág. 109.
26. Collantes, Alejandro. *Criticón. Los concursos.* "El Noticiero Sevillano", 16 de febrero de 1927.
27. Sierra, Juan. *Aclaraciones sobre "Mediodía".* "ABC", 26 de abril de 1970.

Las reuniones de «Mediodía»

Desde su concepción en la casa núm. 2 de la calle Escuderos, domicilio de Alejandro, la revista llevaría la misma vida bohemia de quienes la crearon, callejeando de un barrio a otro, de bar en café. «Mediodía» fue hija de un espíritu bohemio, del último grupo de bohemios notables que paseó su alegre juventud por la Sevilla de principios de siglo a cualquier hora del día o de la noche.

Los consejos de redacción, presididos por Romero Murube, se celebraban en el Café Nacional. Allí tenía el grupo su «sancta sanctorum» en el que llamaban «rincón de Trotsky».[28] Las reuniones —me informó Don Carlos García Fernández— tenían periodicidad semanal. Eran siempre gratas y muy animadas porque los principales asistentes eran cultísimos, estaban al día en temas literarios y tenían un gran sentido del humor. Los concurrentes más asiduos eran Alejandro —el que más—, Juan Sierra, Romero Murube, Porlán, Llosent, Antonio Núñez Herrera, Pablo Sebastián. A Laffón se le veía aparecer de vez en cuando, por sus ocupaciones y su retraimiento. Entre los más jóvenes asistentes estaban Antonio González Meneses, Manuel Gordillo, Antonio Collantes, Manuel Halcón, Manuel Mergelina, Manuel Díez Crespo y el propio García Fernández.

En las madrugadas del Café Nacional figuraron otras personalidades de renombre. Llosent cita un buen número de ellas en su artículo La Sevilla literaria que yo conocí,[29] y Romero Murube, en Sevilla en los labios, describe otros personajes extra-

---

28. Según Manuel Halcón, fue Alejandro quien bautizó el rincón con este nombre a raíz de la estancia de León Trotsky en Cádiz. Durante varios días se sentó cerca de ellos en el Café un personaje curioso, de gran parecido físico con este político, que gustaba observar al grupo de poetas trabajando. Su desaparición coincidió con la salida de Trotsky de España. Alejandro pensó por eso que se trataba de la misma persona y quiso hacerle honor poniendo su nombre al lugar de reunión del grupo.

29. Llosent, Eduardo. La Sevilla literaria que yo conocí. "ABC", 15 de agosto de 1967.

Casa n.º 2 de la calle Escuderos,
domicilio del poeta y de la administración de «Mediodía»

ños y curiosos que desfilaron por el Café, «unas veces atraídos por el ingénito Sánchez Mejías, otras por el sorprendente Villalón».[30]

Pero hubo una serie de reuniones literarias que, sin ser propiamente del grupo, habrían de tener suma importancia para él y para la poesía española en general.

«Mediodía» contaba ya año y medio de vida cuando en el mes de diciembre de 1927 Don Manuel Blasco Garzón, presidente del Ateneo sevillano, invitó a pasar una semana en nuestra ciudad a los escritores que posteriormente la crítica consideraría núcleo generacional. Dámaso Alonso recuerda algunos de los poetas sevillanos que les acompañaron en este «momento decisivo»: «Fernando Villalón acababa de despertarse a la poesía, aunque era mayor que los del grupo; convivió con nosotros aquellos días de Sevilla, y nos encantó con sus historias de embrujamiento y «lettatura». También estuvieron con nosotros aquellos días el gran Adriano del Valle [...] y Mauricio Bacarisse [...] Muchos poetas se juntaron en aquellas reuniones sevillanas; estaban allí Joaquín Romero Murube, el malogrado Alejandro Collantes de Terán, Laffón y varios jóvenes más que no recuerdo».[31]

En la segunda de estas sesiones literarias, celebrada el día 17 en el salón de actos de la Sociedad Económica de Amigos del País, hubo una parte dedicada a los poetas de vanguardia. «El Correo de Andalucía» informaba que se recitaron composiciones de poetas locales, «muy especialmente de los jóvenes literatos que integran la moderna revista sevillana «Mediodía», como de los más destacados señores del nuevo movimiento, siendo lectores de sus propios poemas los señores García Lorca, J. Guillén, Gerardo Diego y Alberti, que fueron aplaudidísimos. De los poetas sevillanos fueron también muy celebrados los trabajos de los señores Villalón, Cernuda, Laffón, Collantes de

---

30. Romero Murube, Joaquín. *Sevilla en los labios.* Op. cit., pág. 107.

31. Alonso, Dámaso. *Poetas españoles contemporáneos.* Ed. Gredos, Madrid, 1969, tercera edición aumentada, pág. 158, nota 7.

Terán y Romero Murube».[32] En esta reseña del acto no se especifica más, pero supongo que Alejandro recitaría algunas composiciones de *Versos*.

Romero Murube hace también referencia en *Los cielos que perdimos* a un mitin poético celebrado en la Sociedad de Amigos del País en 1930, en su estimación, el «más trascendental que se ha dado y que se dará por mucho tiempo en España».[33] Pero no he obtenido confirmación de esta fecha. Debe tratarse de una confusión ya que los asistentes a él son los mismos de las reuniones que acabo de mencionar.

Las cenas «surrealistas»

A Alejandro se le ocurrió la idea de celebrar unas cenas literarias. Tenían lugar cada primer sábado de mes, por motivos justificados o porque sí, por el placer de estar reunidos en agradables tertulias que se prolongaban hasta bien entrada la madrugada en el comedor del establecimiento «Suizo Chico», que el grupo había bautizado con el nombre de «Salón Dorée». («Las Delicias» y el «Pasaje de Oriente» acogieron al grupo en algunas ocasiones). Todas ellas estuvieron presididas por la cordialidad y el buen humor de los comensales.

Romero Murube cuenta en páginas deliciosas [34] una de estas cenas, que él llama «surrealistas», dedicada a la actriz Pola Ilery, protagonista del film de René Clair «Bajo los techos de París». En honor a ella los de «Mediodía» asistieron a la gala ataviados con pintorescas barbas, emulando a los bohemios literatos parisinos. Bastó que la actriz hubiera manifestado su complacencia por estos tipos para que Alejandro exigiera a los comensales lucir el mencionado atuendo.

---

32.   "El Correo de Andalucía", 18 de diciembre de 1927.

33.   Romero Murube, Joaquín. *Los cielos que perdimos*. Gráficas Sevillanas. Sevilla, 1964, págs. 39 - 40.

34.   Romero Murube, Joaquín. *Sevilla en los labios*. Op. cit., págs. 126 - 130.

Alejandro con un grupo de amigos y colaboradores de «Mediodía» en el Café Nacional

Otras cenas homenajes dignas de mención fueron las dedicadas a Gerardo Diego, J. Guillén, Romero Murube, Adolphe Falgairolles, Manuel Carmona y Pablo Sebastián.[35]

Los propósitos de «Mediodía»

«Es la fundamental aspiración que «Mediodía» se impone continuando el rigor interpretativo de Izquierdo —escribía su director, Eduardo Llosent, en 1967—, el proponer una orientación más sensible en el conocimiento y en un activo desarrollo cultural de nuestra ciudad.[36]

Pero la revista «Mediodía» no se encierra en los límites de la ciudad, ni siquiera en los de la región. «Mediodía» —recurro una vez más a su director —no se reduce a realizar una labor selectiva de la producción literaria local; «Mediodía» ha venido, en cierto modo, a instaurar un nuevo criterio de comunicación con todos los números literarios de España.[37]

El contacto con el exterior era una necesidad de primer orden; era la única forma de estar al día, y los componentes del grupo traspasaron incluso las fronteras de la nación para conectar con la actualidad de otros países en materia de arte y literatura especialmente. Rafael Porlán, el secretario, y Llosent eran los encargados de mantenerse alerta a la última noticia dentro o fuera de España, llegada incluso desde Bruselas, París o Nueva York. Y la sección informativa «Neorama», en la que colaboraba Alejandro, recogía los resultados de este contacto con la realidad circundante o lejana.

Alejandro sentía hondamente esta necesidad de comunicación y atribuía a Sevilla por su situación geográfica una voca-

---

35. Se celebró el 17 de noviembre de 1928. Fue la segunda cena "superrealista". "Lo de cena superrealista —se aclaraba en la nota enviada a "El Liberal" (18 de noviembre de 1928)— se puso para despistar. Aquí viven quienes nos llaman ultraistas y hasta ¡modernistas!".

36. Llosent, Eduardo. Art. cit.

37. Idem.

ción universal, haciendo notar que era su río el que le confería esa vocación y por eso «Mediodía» se hizo fluvial, innovadora y pasajera».[38] Y en otra ocasión, estableciendo puntos de contacto entre la labor de la prensa y la de las revistas, aclaraba con respecto a «Mediodía» que sus páginas querían ser «el clásico espejo pareado a lo largo del camino en el que posan un momento las actividades del arte más nuevo de Europa, y en donde posan antiguos resplandores del espíritu de Sevilla —más abierta a la universalidad de lo que muchos creen en relación con los destellos lejanos. Mirad cómo lo que nosotros hacemos es reportaje, información, eco, última hora y hasta sucesos. Es decir: Periodismo. Es decir: Historia».[39]

Universalidad es también el precepto que el redactor-jefe de la revista enuncia rotundamente en estas líneas de su *Sevilla en los labios*: «Odiamos el narcisismo localista y todo lo que en arte pueda significar un tope o una limitación: Queremos una Sevilla universal dentro de las normas propias y características que hacen de las ciudades valores apartes y comunes como rosas de distintos aromas y colores».[40]

Esta misma conciencia de universalidad había llevado a Juan Ramón Jiménez a pensar en Sevilla como capital poética de España. Alejandro, recordando su idea confesada en el diario poético *Obra en marcha,* escribió en 1928: «Esta capitalidad de Sevilla [...] los sevillanos [la] tenemos en lo más hondo de la conciencia, en lo más hondo de la raíz de nuestra religiosidad».[41]

En esta afirmación yace, paradójicamente, la explicación del localismo de algunos de nuestros poetas. El ideal de fama universal no pudo evitar que la personalidad de la ciudad calara con

---

38. Collantes, Alejandro. Manuscrito. (Palabras dirigidas a unos amigos de la Compañía Aérea Iberoamericana en un almuerzo de fraternidad).

39. Collantes, Alejandro. *Epístolas Adefesios II.* "El Noticiero Sevillano", 10 de mayo de 1930.

40. Romero Murube, Joaquín. *Sevilla en los labios.* Op. cit., prólogo.

41. Collantes, Alejandro. *Sevilla, capital de España.* "El Noticiero Sevillano", 10 de marzo de 1928.

tal intensidad en la médula poética de alguno o algunos componentes del grupo, que absorbiera toda su atención, convirtiéndose en fuente de inspiración constante de sus obras. Es el caso de Alejandro, por ejemplo.

Pero esto no obsta para que podamos afirmar con Romero Murube el «sevillanismo universal» que alentó el espíritu emprendedor de Alejandro, como el suyo propio y el del grupo entero. Porque «aquella juventud ilusionada —de formación clásica en más de un caso— aspiró aires de fuera sincronizándose en las perspectivas literarias del momento, para volver después a Sevilla con un acendrado entendimiento de amor y un propósito de integridad y pureza. A Sevilla como tema; mejor todavía, como contraste de sensibilidad y aún quizás como «tempo inefable».[42]

«Mediodía» después de los «ismos»

Opina el profesor López Estrada que «Mediodía» «nació tarde si tenemos en cuenta la actividad literaria española de aquellos años».[43] Ciertamente siete años de silencio sin publicaciones literarias de trascendencia harían temer a algunos una nueva situación crítica, o al menos difícil, de las letras sevillanas. Pero no fue así. A mi entender, la demora de «Mediodía» puede explicarse por una razón fundamental: voluntad de perfección.

Los componentes del grupo observaron el continuo sucederse de corrientes estéticas, cada cual proclamando un credo como el auténticamente portador del arte puro y nuevo; observaron cómo pasaban a la historia del acontecer literario como un fenómeno más de aportación, como lo que quiso y prometió ser pero no fue.

---

42. Laffón, Rafael. *Claridad sin fecha.* "ABC", 15 de enero de 1948.

43. López Estrada, Francisco. *Joaquín Romero Murube. Verso y Prosa.* Prólogo y selección. Ed. Homenaje al autor del Excmo. Ayuntamiento de Sevilla. Sevilla, 1971, pág. 21.

«La única representación en España de los paralelos movimientos de Italia y Francia [...], puente de viva comunicación entre su rincón provinciano y el centro luminoso de la cultura europea»,[44] fue el «ultraísmo», cuyo órgano de expresión era la revista sevillana «Grecia». El «ultraísmo» fue el único «conato violento de rompimiento» con lo anterior,[45] pero también fracasado por la carencia de una «actitud espiritual coherente», por su «desdén histórico», por su falta de sentido integrador».[46] Sin embargo, su conocimiento es necesario para el estudio de la poesía posterior porque él, con sus experimentos en el campo de la metáfora y la imagen para purificar la poesía lírica, «alimenta, aunque sea en pequeña parte, una de las más intensas generaciones poéticas de nuestra historia».[47]

Tras el breve ciclo vital de «Grecia» y los ciclos mucho más breves aún de revistas de menor relieve que le precedieron, puede decirse que los «ismos», en su faceta de erupciones violentas y fulgurantes, han dejado de existir. Algunos, más afortunados, continuaron viviendo, pero en coexistencia pacífica con tendencias tradicionales y populares que, latentes, pugnaban por resurgir. Entonces, cuando los ánimos están serenos, pasado el período de «raras germinaciones dolorosas», en palabras de Romero Murube,[48] aparece «Mediodía».

Mediodía» —decían sus «Normas»— trae ingénita la buena semilla de sus antecesores, la experiencia de estos siete años de santa calma estudiosa y provechosa». Y este largo período de observación y reflexión le llevó al conocimiento de sus posibilidades y del camino más adecuado para realizarlas. Por esto fue una revista distinta a las anteriores desde su concepción. Distinta desde el punto y hora en que proclama su autonomía y

---

44. Llosent, Eduardo. Art. cit.

45. Alonso, Dámaso. Op. cit., pág. 162.

46. de Torre, Guillermo. *Historia de las literaturas de vanguardia.* Ed. Guadarrama, Madrid, 1971, tomo II, págs. 274 - 76.

47. Alonso, Dámaso. Op. cit., págs. 162 - 63.

48. "Mediodía" *Nuestras Normas,* año I, n.° 1, junio 1926.

deja bien sentado que no quería integrarse ni adherirse en forma absoluta a corriente alguna.

Tampoco enarbola una nueva bandera, símbolo de la unidad de criterios de todos sus colaboradores, lo cual significaría tanto como suponer la existencia de una comunidad ideológica que pretende dar a conocer su línea de pensamiento a través de una publicación periodística. Alejandro explicaba esta actitud en razón, fundamentalmente, de un exigente programa de trabajo: «Mediodía», que puso sobre sus hombros la tarea de recoger las manifestaciones espirituales de última hora con el propósito de infundir en la realidad sevillana aires de moderna literatura, sangre reciente de esperanza ilimitada [...], con un programa mínimo reunió escritores temperamentalmente distintos. Entre nosotros no existió el uniforme. Por ello nuestras tertulias del «rincón de Trotsky» en un café sevillano eran la variedad hecha anécdota y un concurso de relatos donde cada cual refería su aventura espiritual por un campo distinto».[49]

El grupo fue siempre fiel a las normas que se impuso en 1926. En la nota editorial del número 15, primero del segundo período de la revista, volvían a reafirmarse en ellas: «Mediodía», llegada después de la gran crisis de los «ismos», y ahora ante un horizonte aún nebuloso, donde se dibujan profesiones de fe poética, interesada de propagandas —poetas proletarios, católicos, socializantes, etc.— se abstiene de una previa declaración de principios que, en todo caso, tendría, ciertamente, que traducirse en varias declaraciones... Un propósito de firme autenticidad, sea cualquiera la orientación que se proponga al agente, y una tendencia reiterada a la superación del contexto meramente literario por medio de la vocación carlyliana de lo heróico en la poesía. Esto es todo: ni menos; ni más».

Pienso, pues, que «Mediodía» nació tarde en cuanto que el panorama literario, de manera especial el local, estaba necesi-

---

49. Collantes, Alejandro. Manuscrito. (Presentación de una conferencia sobre el toreo a cargo de José María del Rey Caballero en el Ateneo de Sevilla.)

tando con urgencia publicaciones que, como ella, aportasen evidentes y factibles soluciones, realizaciones concretas encaminadas a la consecución de la tan deseada renovación poética. Y para ello, insisto, no podía trabajar con prisas.

Una sola norma: depuración

«Mediodía» representó, por tanto, no una comunidad de pensamiento, sino una comunidad de acción, reunida bajo el posible lema: «por una Sevilla auténtica y universal». Porque el motivo aglutinador de tan varias voluntades había sido el amor a Sevilla que tanto lo necesitaba: «Pocas ciudades —decía el editorial del número 1 de la revista —tienen que lamentar una falsa leyenda emplebeyecida, un cúmulo tan denso y pesado de falsa literatura como nuestra ciudad». Contra semejante mal entendieron que sólo se podía luchar con una rigurosa y radical depuración: «depuración en todos los órdenes dentro de una fina cordialidad para los diferentes grupos y tendencias».[50] «Mediodía» —advertía Alejandro en unas palabras de presentación al conferenciante Menipo— salió al público atenta solamente a la depuración de los procedimientos literarios y generales artísticos, sin importarle, incluso suponiéndolo, el efecto que la aparición de sus números haría en el ambiente consabido».[51]

Continuidad con la tradición

La crítica en general atribuye el resurgimiento de la poesía, su nuevo Siglo de Oro, a que los poetas de la generación del «27» comprendieron que para llevar a cabo la renovación ansiada no era imprescindible la negación violenta del pasado, ni siquiera del inmediatamente anterior, pues reconocían de los «ismos» su autenticidad y buena voluntad.

---

50. "Mediodía" *Nuestras Normas.*
51. Collantes, Alejandro. Manuscrito.

Pero la ruptura con el pasado no llegó a producirse realmente: «Desde fines del siglo pasado —observa D. Alonso —hasta la generación de que hablamos no hay ninguna discontinuidad, ningún rompimiento en la tradición poética».[52] «He ahí —añade— medio siglo de hermosa continuidad en poesía española, continuidad en donde cada momento cumple con su deber de innovar, pero no siente el prurito ciego de destruir».[53] El único intento y, como ya se ha dicho, fallido, fue el movimiento ultraísta.

La principal innovación de los poetas del «27» consistirá en la revalorización y reavivación de una tradición latente, de lo genuinamente popular, que el poeta incorpora a su quehacer creador con una proyección culta. Es lo que ha llamado «neopopularismo», que, según oí decir al profesor López Estrada, vendría a ser como un manierismo del popularismo tradicional. Esta virtud de justa valoración y deseo de continuidad con el pasado hermana al grupo «Mediodía» con el resto de la generación del «27».

El entronque con la tradición se realiza mediante lo que Dámaso Alonso llama «elementos de laña o ensambladura». «Mediodía» se funda en 1926, y un año más tarde sus componentes se suman al homenaje que la generación rinde al poeta del culteranismo. Sienten vivamente la cercanía de sus abuelos, los del «98»; admiraban de manera especial a Unamuno y Antonio Machado. Confiesan su filiación con respecto a la poesía con alma de Machado y al virtuosismo verbal de Juan Ramón. Por Machado enlazan con el «98» y por Juan Ramón con el modernismo, aunque a través de sus particulares concepciones del hecho poético.

En este punto es necesario citar la opinión de dos miembros del grupo. Romero Murube en 1934 había asegurado: «Desde el punto de vista de la crítica [«Mediodía»] significa una lu-

---

52. Alonso, Dámaso. Op. cit., pág. 161.
53. Idem, pág. 162.

cha contra el modernismo poético, monstruosamente profuso, debido a la gran influencia rubeniana, la búsqueda de una poesía desnuda y pristina».[54]

También Alejandro, en un artículo-comentario a las celebraciones del tercer centenario gongorino, estimaba que, gracias a la formalidad y minuciosidad con que la nueva generación trabajaba, «la lira está en manos capaces y merecedoras, luego de haber sido detentada, más largo tiempo del debido, por rubenianos y ultraístas», y señalaba además, que el manantial para despertar el instinto lírico de los principiantes es el estudio honrado de la ciencia poética, y no «el alcohol verleniano ni rubeniano».[55]

Sin embargo, a escala de grupo —como de generación— no hubo declaración explícita y radical de enfrentamiento colectivo contra ningún movimiento. Cabían todas las tendencias. «Aunque sus ideas de la concepción poética les llevase por caminos distintos, estaban, de modo indudable, ligados por un nexo común: el que deja siempre una tradición sabiamente aprendida y asimilada. Todos ellos han sido, por muchas concesiones que al momento hiciesen, fieles a esta tradición, que sin ningún gérmen de dudas ha venido en ellos a continuarse».[56] De hecho, hubo adeptos al modernismo como Villalón y resabios modernistas y de «ismos» en la primera etapa de creación de casi todos los miembros del grupo.

Más cercanamente influyeron sobre ellos los poetas mayores de su generación, con quienes, a escala individual o como promotores de la revista, mantenían estrecha relación. Algunos de ellos aportaron su colaboración a «Mediodía»: Alberti, Lorca, G. Diego… Salinas y Gerardo Diego ejercieron su magisterio por partida doble, porque ocuparon la cátedra de litera-

54. Romero Murube, Joaquín. *Alejandro Collantes, poeta de Sevilla.* "ABC", 26 de junio de 1934.

55. Collantes, Alejandro. *Criticón. Los concursos.* "El Noticiero Sevillano", 16 de febrero de 1927.

56. Valencia, Juan. Op. cit., pág. 416.

tura en nuestra Universidad. Con respecto al primero se sentían especialmente deudores, tanto, que achacaban el éxito de la revista al hecho de haberse ganado su aprobación y ayuda. Alejandro lo nombró «ministro plenipotenciario» de la publicación.

Dentro del elenco de escritores modelos locales estaba José María Izquierdo. De él, de su peculiarísima manera de captar nuestra multiforme ciudad, viviéndola intensamente a cada instante, heredaron los poetas más jóvenes —Murube y Alejandro mejor que ningún otro— una visión muy característica de su objetivo poético y una personal manera de expresarlo —en poemas y divagaciones— inconfundiblemente sevillana. El es —según Llosent— la «sola personalidad [... que] asume en esas circunstancias la totalidad de la creación sensible, a nivel de ideas y de la estética más evolucionada».[57]

«Mediodía»: la poesía sevillana en la generación del «27»

Afirma José Luis Cano en su *Antología de poetas andaluces contemporáneos:* «la primacía sevillana en la poesía andaluza, frente a Málaga y Córdoba que le siguen en riqueza, no puede ser negada por nadie. Ese cetro le viene de tradición, desde aquellos tiempos de esplendor del rey Mutamid y su corte de poetas, y de aquellos otros de la maravillosa escuela poética sevillana del XVII, sin olvidar que el más hondo poeta de nuestro romanticismo es un sevillano: Gustavo Adolfo Bécquer».[58]

Ciertamente, en el nuevo Siglo de Oro de la poesía española Sevilla ha seguido manteniendo su prestigioso papel. Si el setenta y cinco por ciento de los poetas de la generación del «27» son andaluces, un nutrido grupo de ellos de categoría

---

57. Llosent, Eduardo. Art. cit.

58. Cano, José Luis. *Antología de poetas andaluces contemporáneos.* Ed. Cultura Hispánica, Madrid, 1968; segunda edición, pág. 16.

reconocida proceden de Sevilla. «A esta generación Sevilla ha hecho una de las más importantes aportaciones de toda su historia literaria. Vicente Aleixandre, Luis Cernuda, Fernando Villalón, Adriano del Valle, Rafael Laffón, Joaquín Romero Murube, Alejandro Collantes, constituyen el testimonio onomástico de vigor poético hasta el momento, como grupo, insuperable».[59]

Entre estos poetas mencionados por Ruiz-Copete, se encuentran dos de los cuatro fundadores de «Mediodía». De los otros dos, Llosent y Porlán, el último era cordobés. Los demás componentes del grupo eran casi en su totalidad sevillanos: Laffón, Sierra, Halcón, Villalón, Labrador, Del Rey, Díez-Crespo, M. Gordillo y el pintor Juan Miguel Sánchez; García Fernández era de Jaén. Y a esta lista hay que añadir los nombres de otros colaboradores locales más esporádicos.

Téngase en cuenta, por otra parte, el contacto continuo que el grupo mantuvo con los poetas mayores de la generación del «27». La adhesión de estos poetas a los ideales de «Mediodía» se manifestó en forma de colaboraciones que llegaban a la revista. Y recordemos aquellas inolvidables jornadas vividas en Sevilla en 1927. De su trascendencia habla el hecho de que la fecha quedó unida a la generación para darle nombre.

De todo lo expuesto puede deducirse que «Mediodía» fue digna representación de la poesía sevillana en un momento clave de renacimiento de los valores literarios y artísticos españoles. Con ella el nombre de Sevilla resonó en el ámbito cultural español, y de tal manera, que Juan Ramón Jiménez pretendió desde «La Gaceta Literaria» nombrar a la ciudad capital poética de España.

---

59.   Ruiz-Copete, Juan de Dios. Op. cit., pág. 59.

III. BREVE MADUREZ

Ultimos escritos

A partir de la fundación de «Mediodía», ésta se convierte, como acabamos de ver, en principal motivo de interés y preocupación para Alejandro. Para completar la lista de acontecimientos importantes de 1926, digamos que el 8 de diciembre de ese año había recibido el premio «Sánchez Bedoya» de la Real Academia Sevillana de Buenas Letras por su *Romancillo de la Pureza,* escrito en honor a la Inmaculada. 1926 y 1927 son, pues, años de intensa actividad literaria. Colabora en otras revistas fuera del ámbito local: «Síntesis», «Papel de Aleluyas», «Verso y Prosa», «Revista del Ateneo de Madrid» y «La Gaceta Literaria».[60] Continúa ejerciendo en «El Noticiero Sevillano» su labor de crítico y comentarista de la actualidad sevillana, fundamentalmente en su aspecto artístico-literario. Le dolía que la ciudad estuviese perdiendo el sello de su tradicional manera de ser, sacrificado en aras de una modernización mal en-

---

60. Sé de estas colaboraciones porque "Mediodía" las cita en *Fichas para una biografía...* Nota cit. De ellas sólo conozco un breve cuento titulado *Viaje de bodas de una naranja,* publicado en el n.º 5 de "Papel de Aleluyas", marzo de 1928. De otras revistas como "Andalucía Futura", "Hogar", "La Unión Ilustrada" y "La Gaceta del Sur" he leído artículos de los años 1921, 1925 y 1932. Son de contenido literario y artístico. Tengo también referencias de posible colaboración en "La Esfera" y de una revista manuscrita que salía sin fecha fija en el Ayuntamiento, confeccionada por Alejandro junto con algunos amigos y compañeros de trabajo. Tenía carácter humorístico. Alejandro realizaba las ilustraciones.

tendida. Le dolía el estado de descuido de algunos monumentos. Y, sobre todo, la indolencia de los propios artistas que, abandonados a la creación de encargo, consideraba los primeros culpables del rostro pobre y desatendido que las artes plásticas sevillanas presentaban en el panorama nacional. Concretamente la pintura adolecía, según él, de dos vicios graves: «el analfabetismo de unos y la mala digestión de literaturas mandadas a paseo por otros». Los pintores —insistía— son seres poco devotos de asomarse a ajenas perspectivas».[61] En este punto es prudente advertir el concepto que Alejandro tenía del arte cuando enjuiciaba así sus diferentes manifestaciones del momento: «El arte —escribía— debe desnudarse de todo peso de escuela y maestría. Hay que saber mirar lo exterior tal como se ve reflejado en nuestro pensamiento [...] y pensar libremente, con la pureza y la exactitud del niño y con el hiperbólico interés del enamorado, y sobre todo, creer hondamente que la tarea artística, el oficio de artista, es una libre ocupación del alma, una vagancia deliciosa que, por serlo, nunca debe casarse con la utilidad [...]. No se me esconde que es preciso huir igualmente del estilo nuevo mal adaptado que del traje de serie [...]. Decididos a encontrar el propio arte, opuestos los ojos a anteriores maestrías cuyos involuntarios oficiantes, al dejar de serlo, se alborozarán —¡Dios nos guarde de los malos discípulos!—, aprendan los nuevos pintores a despreciar el ridículo que no existe, a perder ese pavor tan español al ridículo, ya que la buena nueva del arte es semilla de universalidad y universal como su dogma. El arte no es necesario, es un lujo que nada pesa —o nada debe pesar— en la marcha del Estado, y que no debe pintarse de ningún color del mapa».[62]

En cuanto al plano de lo literario, desde la sección «Noticiero literario» daba noticia comentada de las publicaciones na-

---

61. Collantes, Alejandro. *Criticón. Los concursos.* "El Noticiero Sevillano", 16 de febrero de 1927.

62. Collantes, Alejandro. *Juan José Orta.* "El Noticiero Sevillano", 22 de octubre de 1927.

cionales y extranjeras, principalmente francesas. La información de la actualidad europea le llegaba por medio de la «Revue des Deux Mondes», «Cahiers d'Italie et d'Europe», «Echanges» y otras revistas a las que estaba suscrito. Fue en «El Noticiero» donde desarrolló una labor más interesante en el sentido apuntado. Colaboraciones de esta y otra naturaleza prestó esporádicamente en «ABC», «El Liberal», «El Sol», «Heraldo de Madrid» y «Blanco y Negro».

Esta faceta periodística continuaba simultaneándola con su dedicación al Ateneo. Durante el curso de 1930-31, en que fue presidente de la sección de literatura, organizó un ciclo de conferencias sobre «Crítica y vigilancia de sucesos artísticos» y un homenaje a los hermanos Machado. Entre sus borradores mecanografiados he encontrado la presentación que hizo de Jiménez Placer, conferenciante en la velada dedicada a Antonio y compañero de Universidad de Alejandro durante la docencia de Salinas. Refiriéndose a este poeta dijo que a él se debían «las páginas más pulcras de poesía civil» y puntualizó que se encontraba entre los maestros que se adelantaron al pensamiento de los hechos actuales. Acerca de la situación de la literatura opinaba: «Hemos de reconocer, sin rencor y por patriotismo, que de momento la Literatura ha perdido su actualidad. Se ha situado en primer plano la común atención a la política... Aquellos [escritores] por quienes siempre hemos sentido preferencia, aquellos escritores que se nos pueden atribuir como guías o maestros, anticipáronse a la actualidad del día de la fecha, constituyen una promoción que se había puesto desde hace años al servicio de la República nonnata».

Quizá de esta fecha sea otra presentación manuscrita a una lectura poética de Rico Cejudo. La menciono porque Alejandro recoge en ella opiniones equivocadas en torno al lirismo popular, y sus observaciones son interesantes porque pienso que contienen lo que con reservas me atrevo a denominar su «poética». «La Poesía —afirma— es una llama inextinguible, perpetua, a través de los tiempos, si bien no en todos los siglos luce con igual fuerza y color. El pueblo, que no entiende de críticas —y es un gran crítico—, el pueblo, que sólo guarda la vida, la belleza inmutable, por encima de todas las decadencias..., no tiene fiesta sin copla, ni pena si copla, es decir, sin Poesía, flor de todos los sentimientos. En la reja y en el mar, en la soledad del campo y en el cementerio, en la cárcel, en la cofradía, en la romería y en el rosario, y en la forja y en el manchón, se abren esas coplas, bellas como los geranios de mayo, que se asoman a los balcones de las calles de Sevilla... en ese armonioso lenguaje andaluz, dulce y hondo...».

Ultimos años del poeta

En este mismo año de 1930, el 8 de diciembre, Alejandro contrae matrimonio con María Teresa Sebastián en la iglesia parroquial de San Lorenzo. Contaba veintiocho años. Los recién casados fijaron su residencia en el segundo piso del domicilio familiar de la novia, en la casa número 3 de la calle Gloria, en el barrio de Santa Cruz. Este hecho da idea de hasta qué punto los sentimientos de los padres de Teresa hacia el escritor habían cambiado de signo. Me consta que su afable carácter influyó en el cambio.

Por entonces comienza su colaboración en «El Correo de Andalucía». Crea la sección «Copla al minuto» que firmaba con el seudónimo «Gongorilla». Comentaba en ella la anécdota curiosa o chistosa de actualidad local o nacional, tal como «Don Cecilio de Triana» hacía en sus «Coplas de Ciego», que publicaba «El Liberal». Si bien a ambos les guiaba una intención crítica, la ironía de Alejandro nunca llegó a ser tan cruda y mordaz como lo era, generalmente, la de Don Cecilio. Y una cosa queda bien patente en las coplas: la capacidad de improvisación de Alejandro para versificar cualquier tema en cualquier tipo de metro y estrofa. Gran número de ellas son de contenido socio-político y recogen la opinión popular en torno a los acontecimientos del día: cambio de gobierno, aprobación

Alejandro y María Teresa Sebastián en Córdoba,
durante el viaje de bodas

de leyes, altercados callejeros. He aquí algunos títulos de los meses de abril y mayo de 1933: *Buena política, ¡Vuelta a la derecha!, ¡Qué grandes somos!, Pan, pan, pan, ¡El Quorum!, ¡Aprobada!*. En estas circunstancias de confusionismo e inestabilidad las coplas reflejan el flematismo y la chispa humorística del ciudadano sevillano avezado a la fácil mutabilidad de los acontecimientos.

Con el título *Nochebuena* publicó Alejandro en 1931 una *Página de Nochebuena* aparecida en «El Correo de Andalucía» en enero de ese año. Es una antología de canciones navideñas precedidas de una introducción en prosa alusiva a la fiesta familiar. Por entonces estaba dando fin a la que sería su última obra, una guía de Sevilla que se editó en mayo de 1932.

Durante 1932 y 1933 se dedica a la enseñanza por motivos económicos. Da clases de geografía e historia de España en el colegio de los Padres Escolapios y algunas clases particulares. «Sus alumnos le querían mucho. La amenidad de sus explicaciones era para ellos el mejor estímulo. Durante su enfermedad tuvieron ocasión de probarlo. Era la época de exámenes y se negaron a presentarse en el Instituto hasta que él se encontrase en condiciones de acompañarlos». Sirvan de confirmación a estas palabras de Doña Teresa el testimonio escrito de un alumno de cuarto curso que en la revista del colegio —en la que también colaboró Alejandro con artículos de tema hagiográfico—, recordaba cariñosamente al maestro un año después de su muerte: «A Don Alejandro le teníamos todos más que respeto profundo cariño, y es que era el maestro compenetrado con nosotros en todo. Nuestros gustos los asimilaba, y en aquellas sus clases se aprendía, ¡cómo no!, pero con gusto, porque tenía singular habilidad para hacérnosla amable. ¡Qué oportunidad para las anécdotas con las que amenizaba la que en el cuadro de asignaturas era una hora y para nosotros unos momentos sólo!».[63]

---

63. Soto Cadaval, J. M. *In memoriam*. "Páginas Calasancias", año XVI, n.º 203, enero de 1934, pág. 32.

Alejandro falleció el 27 de junio de 1933 a las once de la noche, tras un penoso y largo padecimiento nefrítico. Está enterrado en la parroquia del Sagrario, en el panteón de Don Pablo Sebastián de Casals, padre de María Teresa. Nadie como Juan Sierra, el amigo de toda la vida, evocó esta temprana desaparición con tan profundo dolor y poética nostalgia, consolada al mismo tiempo por la certeza de que Alejandro había encontrado finalmente el descanso a sus sufrimientos: «Era el mes en que se desesteran los gabinetes sevillanos y las gasas en las consolas manan recuerdos familiales».[64] Y en medio de aquel triste ambiente contemplaba el rostro apacible del amigo, de cuya «mirada recién muerta se derramaba una satisfacción que era el más bello epílogo, el más sencillo y llano final a la lógica poesía de [su] vida».[65]

---

64. Sierra, Juan. *Una fecha* en *Poesías...* Op. cit., pág. 45.
65. Idem, pág. 46.

EN ESTA CASA MURIO
EL DIA 26 DE JUNIO 1933
EL POETA SEVILLANO
ALEJANDRO COLLANTES
DE TERAN

Casa n.º 3 de la calle Gloria donde el poeta vivió desde 1930 hasta su muerte ocurrida el 27 de junio de 1933, y no el 26 como reza la placa

IV. CARACTER DEL POETA Y SU RECUERDO: LA BONDAD DE UNA SONRISA

Cuantos conocieron a Alejandro coinciden en destacar entre sus cualidades la bondad, la simpatía y la sencillez. Podríamos decir que esta forma de ser estaba como predeterminada
por dos factores: el biológico y el geográfico. En Alejandro se
fundían la dulzura y amabilidad maternas con el don de la palabra ocurrente que prestaba amenidad a la conversación de
Don Antonio, el padre. Mergelina da cuenta de sus virtudes
en el artículo homenaje de *Poesías:* «Le recuerdo alegre y confiado, cordial y humano, recuerdo la fluidez de su conversación, la sinceridad de su risa sonora, sus gestos y aspavientos,
su imaginación inagotable, la genialidad de su carácter, su gran
nobleza. Pero el más destacado recuerdo que poseo de Alejandro Collantes es su bondad. Alejandro fue entre todos nosotros
eso: la bondad personificada. Tenía un tan alto concepto de
la amistad, y lo observó con tal pureza y autenticidad, que
jamás un amigo suyo salió defraudado de su trato».[66]

Pero él, humildemente, no quería reconocer su bondad. A
los dieciocho años, en una *Confesión* a manera de carta dirigida
a Vicente Lloréns y contenida en el *Ideario de estudiante,* escribía: «Es mi mayor tristeza el pensar que se me pueda ta-

---

66. Mergelina, Manuel. *La bondad de Alejandro Collantes* en *Poesías...*
Op. cit., pág. 37.

char de vanidoso, cuando toda mi vanidad es dar siempre muestras de bondad, no el manifestar una bondad que no poseo». El 7 de octubre de 1919 el número 6 de «Universidad» le publicó un artículo titulado *A la orilla del camino* en el que incluía el decálogo de la vida que transcribo a continuación. En la dedicatoria decía: «Para Manuel Carballido, explicándole mi vivir tan a la ligera».

El Decálogo de la Vida

Primero: Cuando tengas conciencia de que caminas por la Vida, volverás tus ojos atrás para saber cómo has caminado; después no te detengas; sigue caminando; no vuelvas atrás tu vista...

Segundo: Cogerás las flores que veas a tu paso; pero sin dejar de andar.

Tercero: Tomarás sólo aquellas flores que te sean necesarias para la alegría de tus sentidos; que, a veces, alguien vendrá tras de ti buscando aquella flor que inútilmente has marchitado.

Cuarto: Darás tu apoyo al que, rendido de cansancio, encontrares a tu paso; desfallecido en el borde del camino.

Quinto: No quitarás a nadie de la senda, aun cuando te estorbase en tu camino; ¿estarás tú seguro de no estorbar a nadie? Y... sin embargo...

Sexto: Vestirás tu pensamiento burdo (que lo es por ser verdadero) con el ropaje dorado de la Ilusión; pues soñar es la tónica y la clave de la Vida.

Séptimo: Guardarás eterno el Amor-terreno-puro, manifestado en la dríada ultrasensible:

Amor a la madre amada, segunda creadora, dulce directriz en los siempre difíciles comienzos de la Jornada;

Amor de la Enamorada, que en el abrupto sendero de la Madurez nos servirá de aliento y de consolación;

Amor de los amigos que caminan con nosotros, cuyas almas han hermanado con la nuestra o en la tristura de una desgracia (y son los menos); o en la alegría de un triunfo liviano.

Octavo: Fingirás alegría; aun cuando tu alma sangre dolorida; ¿a qué contristar y apesadumbrar inútilmente a nadie? si te pueden consolar, tu pena no merece tal nombre, pues tiene un remedio terrenal; si es incurable tu dolor, ¡a qué manifestarlo!

Noveno: En los negocios arduos y difíciles, antes de emprenderlos pondrás en tu cerebro doradas ilusiones optimistas, y en tu corazón terribles dudas que oscurezcan todo horizonte; si no consigues lo apetecido, el sinsabor es escaso, pues que ya llevabas la hiel entre los labios; por el contrario, si triunfas, tu alegría será mayor; y crecerás a tus propios ojos; pues te parecerá lo que has realizado un imposible...

Décimo: Todo ser tiene un objeto; toda empresa tiene una terminación; y todo camino tiene un fin; el fin de la Vida es la muerte; y en verdad que la muerte sólo es en el instante riachuelo que hay que pasar para entrar en Lo Perdurable; atravesaráslo, pues, con valor; esforzadamente...

El Adiós

Continuemos el camino interrumpido; es indispensable; hemos de seguir andando; pero nunca te olvides, Hermano, de esta conversación que hemos tenido acerca de la Vida, sin conocerla apenas; no te olvides del Decálogo que formuló para sí, uno que vivía en el amanecer de la Vida, pensando poco; muy poco; sintiendo mucho y bien. Adiós, Hermano; ya sabes que soy: Todo Corazón».

En esta declaración está la razón fundamental del recuerdo de Alejandro en la memoria agradecida de sus numerosos amigos. Es necesario decir ya desde ahora, y sin que ello suponga demérito para el escritor, que éste fue desbordado por el hombre, o, citando la expresión de Ruiz-Copete, «su calidad humana excedía con mucho a su calidad poética».[67]

La otra faceta del carácter de Alejandro era el buen humor. Alejandro poseía esa «espontaneidad graciosa, ágil, rapidísima, desbordada», una de las cualidades que, según Romero Murube,[68] definen al sevillano ejemplar. Para Halcón era, con mucha diferencia, el más simpático del grupo. Precisamente a esto me refería cuando hablaba del influjo del factor geográfico. Solamente una inteligencia despejada, con rápida capacidad de improvisación, podía idear anécdotas tan jugosas como el mito del «Señor Arceniaga», que tan valiosa y eficaz ayuda representó para la buena marcha de la revista «Mediodía». Porque inventar un ser humano y hacerle vivir milagrosamente una existencia problemática amenazada por el constante peligro de desaparición, fue la mejor prueba de confianza de un espíritu joven, lleno de ilusiones, al que no arredraban obstáculos.

He esbozado una imagen del poeta en diferentes edades de su corta existencia, pero, a la hora de elegir una que resuma cuanto he tratado de decir en torno a él, me ha parecido la más adecuada la que, con humana y cálida pluma, trazó Romero Murube. Ninguna descripción más autorizada que la de este fino espíritu al cual unían con Alejandro afinidad de gustos y, por encima de todo, un sentimiento común: el amor a Sevilla. «¿Os acordáis, poetas sevillanos —escribe— de aquel rostro en buena escultura romana, fuerte, vivo, sensual, de labios gordezuelos, infantil y duro a un tiempo en la fineza de todos sus trazos? Le vemos aún venir por el fondo de alguna

---

67. Ruiz - Copete, Juan de Dios. Op. cit., pág. 146.
68. Romero Murube, Joaquín. *Memoriales y divagaciones*. Gráficas Tirvia, Sevilla, 1950, pág. 64.

calle sevillana, empujando el desbarajuste alegre de sus mil proyectos y carpetas, gordo, pontificial, violento, contagioso, riéndose de todo, riéndose con una risa infinita que le contraía el rostro, le cabrilleaba en los ojos, le rezumaba en los labios, le removía los rizos negros, toda ella alegría, gracia, hondura, ángel, oportunidad, bondad de espíritu y agilidad de concepto, risa que lo ligaba a uno a su amistad por todas las calles de Sevilla —Macarena, Santa Cruz—, a su actividad, a sus noches, a su vino y a su amor de siempre».[69]

---

69.   Romero Murube, Joaquín. *Sevilla en los labios.* Op. cit., pág. 123.

SEGUNDA PARTE

OBRA

Estudio de la obra en verso editada

I. VERSOS

PRESENTACION

Contiene veintidós poemas ordenados en seis partes, cuyos títulos son: I. Cancionero del Alma; II. Canciones Andaluzas; III. Vacaciones en la Huerta; IV. Calles y Campos de Pueblo; V. Muchachas de Pueblo; VI. El Poema de los Cascabeles. A excepción de este último, *La Canción del verso depreciado* y *Ronda*, todos fueron incluidos en la edición del Ayuntamiento. Los poemas de las partes I y III son amorosos, salvo *Lamentación* y *El Alamo*, que tienen a la naturaleza como protagonista. Las partes II, IV y V recogen estampas costumbristas locales, descripciones de paisajes sevillanos y cantos a la belleza de las muchachas de la tierra. La última parte es un largo romance que narra una historia de amor.

El libro está dedicado a María Teresa Sebastián. La dedicatoria dice: «A mi amor de ayer, de hoy y de mañana, va mi libro de versos con alegría».

TEXTOS Y ESTUDIO

I. *CANCIONERO DEL ALMA*

LA OFRENDA DE LAS DOS ALAS

A Carlos Casajuana

I

No le mires de ese modo,
déjale beber su vino,
sobre la rosa y el lodo;
porque hay tiempo para todo
5 *y para todos, camino.*

II

No le dispares tu flecha,
que será flecha perdida,
y vuelve a rimar la endecha
de la vereda derecha,
10 *luminosa y florecida*
de tu vida.

Pág. 9.

Vaga referencia de tono machadiano al camino de la vida, simbolizada en un ave para la que el poeta pide libertad. La súplica tiene un fuerte matiz imperativo por la negación y la forma verbal de ese valor con que comienzan anafóricamente ambas estrofas.

La cancion del verso despreciado

A una

¿Te acuerdas?
Pasaste a mi lado
y me dejaste lleno de deseos
de acariciar tu mano.
5   *Me regalaste*
la música de tu paso,
y las dos llamitas azules
de tus ojos claros.
Yo te dije un verso...
10   *¡y te fuiste sin escucharlo!*

Dios te dará el castigo
que debe a tu pecado,
y soñarás conmigo muchas noches,
y pensarás en algo
15   *que nunca alcanzarás*
ver en tu mano,
porque te dije un verso...
¡y te fuiste sin escucharlo!

Pág. 10.

El poema está dedicado «A una» que por el contenido temático y la alusión a sus ojos azules debe ser la misma María Teresa E... a la que Alejandro se dirige en varias poesías de su *Ideario de Estudiante*. A esta mujer, que no quiso escuchar sus versos, expresa el poeta su queja y le augura el castigo que recibirá por ello.

La evocación de aquel triste momento se establece en forma dialogada a partir de la pregunta del primer verso. El recuerdo de ella, de su actitud desdeñosa, están aún tan vivos, tan presentes, que el poeta siente nacer un deseo de justa venganza y pone a Dios por testigo de los males que anuncia para la causante de su pena.

CARTAS DE NOVIAS

A Narciso Espinosa

I

El retrato que tú quieres
no lo encuentro,
pero te mando el jazmín
y el pañuelo
5   *y un redondel en la carta,*
lleno de besos.

II

No salgo.
¿Para qué quieres que salga,
si en ningún sitio te hallo?

III

10   *En aquella silla baja*
—en la que hablaba contigo—
paso las horas, sentada.

IV

Ven pronto,
porque quiero mirarme en tus ojos.

V

15   *Ya no me peino,*
ni me pongo nardos,
ni me pongo el vestido de rayas
que te gusta tanto...

VI

Después de la misa,
20 *junto a la ventana*
—que tú bien conoces—
espero tus cartas.

VII

Puedes engañarme...
¡Pero no me engañes...!

Pág. 12.

La primera nota que destaca en estas cartas escritas por una joven a su novio ausente es la expresividad de su lenguaje inmediato y espontáneo. Un lenguaje que transparenta la sinceridad de los sentimientos y emociones que comunica, porque está escrito al dictado del corazón. Y este corazón profundamente enamorado tiene sobresaltos de inquietud, temor y, al mismo tiempo, añoranza por la lejanía del ser amado.

El contenido de las cartas, según el orden en que están escritas, traduce una línea emocional zigzagueante, insegura, que trazo a continuación: alegría y plenitud del amor sentido y correspondido (I), abandono incluso físico por la soledad de la ausencia (II, V), aburrimiento (III), llamada de urgencia al amado (IV), esperanza de sus noticias (VI), desconfianza ante la posibilidad imaginada de que él pueda serle infiel y angustiada súplica de fidelidad (VII).

En cada carta, la referencia a objetos conocidos por el ser amado —«el retrato», «el jazmín», «el pañuelo», «aquella silla baja / en la que hablaba contigo», «el vestido de rayas»...—, a lugares en los que ambos han vivido momentos de intensa dicha —«junto a la ventana / —que tú bien conoces»—, envuelven esos sentimientos en un contexto situacional íntimo. Son alusiones de gran poder evocador, suficientes sin duda para que el amado comprenda por comunión de sentimientos todo aquello que en la parquedad de las cartas queda sin decir.

La secuencia sintáctica de las cartas I, II, III, V y VI responde al estilo narrativo, mientras en la IV y VII obedece a un fuerte impulso pasional mezcla de anhelo y miedo, que expresan las formas verbales «ven» y «no me engañes», con valor imperativo.

BESOS EN LA GIRALDA

A Rafael Laffón

*Campanero de la Giralda,
¿es verdad que de nuestros besos
tú no sabes nada...?*

¡Qué bien sonaban los besos
5   *debajo de las campanas!
Ella miraba el sol
y la ciudad blanca...
todo era poesía,
amor y alma.*

10   *Campanero, no lo digas;
campanero, a tus campanas;
acuérdate de que tu novia
era la hija del campanero
de la Giralda.*

Pág. 14.

El poeta recuerda momentos felices vividos ocultamente bajo la sombra de las campanas de la Giralda. Y lo primero que viene a su memoria es el sonido melodioso y alegre de los **besos de amor**; besos musicales porque vibraban al aire del metal.

Esta sinestesia de tipo sensorial auditivo es la imagen central del poema. Con el sonido dulce de estos besos como fondo aquella dicha vuelve a ser presente; vuelve a ver a la mujer amada como entonces, contemplando el paisaje de en torno con la plenitud de la ilusión realizada en sus ojos. Los versos 8 y 9 resumen en tres palabras la intensa emoción de aquella vivencia amorosa. Para el corazón enamorado «todo era poesía, amor / y alma».

Pero no es esta evocación el motivo del poema. Al poeta le inquieta la posibilidad de **haber** sido descubierto por un testigo, un peligroso testigo que puede delatarle pregonando a los cuatro vientos, al son de las campanas, aquella intimidad. La pregunta inicial traduce en su formulación la seguridad de una respuesta afirmativa: «¿es verdad que [...] tú no sabes nada...?» Y antes que la sospecha le sea confirmada, entre amenazante y seguro de ganar su comprensión, recuerda a su testigo que él fue novio de la hija del campanero de la Giralda. Con tan oportuna **advertencia** cierra el diálogo. Ya no hay nada que temer. Ambos están en igualdad de condiciones y las campanas les **seguirán** guardando sus secretos de amor.

LA CANCION MAS HONDA

A ti

Ven a mi lado, que quiero
decir, cerca de tu blonda
cabellera, la más honda
canción de mi Cancionero.

5   *Porque tienes la alegría*
      y la gracia de la flor
      que reza, sobre el albor
      del altar, la canción blanca
      y azul del Mes de María;

10   *porque tienes una franca*
      sonrisa, que sabia arranca
      todo negro pensamiento
      de mi carne, porque siento
      que me encantas, ahora quiero
15   *decir, cerca de tu blonda*
      cabellera, la más honda
      canción de mi Cancionero.

      Desde que te conocí
      no sé qué cosa ha nacido
20   *alegre, dentro de mí;*
      es como un nuevo latido
      caliente y desconocido
      que late sólo por ti...

      Desde que te conocí
25   *las mañanas me dan más*
      alegrías y las noches
      más sueños y más derroches
      de estrellas y cuando vas
      a sonreir, yo te quiero
30   *decir, cerca de tu blonda*
      cabellera, la más honda
      canción de mi Cancionero.

Pág. 15.

El poeta llama a la amada —por las señas descriptivas, María Teresa Sebastián— para ofrecerle su amor hecho verso en
la mejor de sus canciones. Y al intentar exponer las razones de

la ofrenda, alterado por la contemplación de esta mujer, no es capaz de expresar lo que siente. Las ideas se aglomeran en su mente y brotan arrítmicamente, sucediéndose con cierta prisa, con cierto desorden. Así, el metro octosílabo se le queda pequeño las más de las veces, y otras, en cambio, le resulta demasiado largo.

Por esta misma causa puede explicarse que la adjetivación con que describe las cualidades y virtudes de la amada (unidades 2.ª y 3.ª), o con la que trata de exponer las nuevas —lógicas— sensaciones que el conocerla ha despertado en su alma, tenga una función epitética, la tópica en estas circunstancias, pero no por ello menos sinceras. Son justamente estas características las que garantizan la autenticidad de los sentimientos declarados con tanto entusiasmo en el poema, y testimonian, por tanto, el amor de Alejandro por María Teresa.

De acuerdo con el contenido, el curso poemático, narrativo, está construido sobre el encabalgamiento continuado. En cuanto al esquema de rima, obsérvese la repetición de ciertos elementos que sirven de enlace entre las unidades: ABBA// CDDEC// EEFFABBA// GHGHHG// GIJJIABBA. Por otra parte, la redondilla inicial queda incorporada a la secuencia sintáctica a partir de la tercera unidad, aunque de su primer verso sólo se repite el final «quiero», que abre la rima. A estos recursos anafóricos hay que añadir el que se establece entre los primeros versos de las unidades 2.ª - 3.ª y 4.ª - 5.ª respectivamente, y la repetición del nexo «porque» en la enumeración de las cualidades de la amada, que conforman a un tiempo su retrato y las razones del enamoramiento del poeta. Todos estos factores redundan en dar mayor cohesión al poema, cuya secuencia melódica responde al deseo de que sea una canción.

II. *CANCIONES ANDALUZAS*

BANDERA DE ANDALUCIA

A José A. Vázquez

Bandera de Andalucía,
si yo te hiciera, estos tres
colores te pintaría:

Azul, blanco y amarillo:
5   *los tres colores del sol*
sobre todos los caminos.

Azul, ovillo del sueño,
color de ojos adorados,
color de libro de versos.

10   *Blanco de pan y de cera,*
de carta virgen,
de paloma, de tela...

Amarillo; tristeza,
de la carne apasionada,
15   *nunca contenta.*

Bandera de Andalucía,
si yo te hiciera, estos tres
colores te pintaría:

Azul del cielo,
20   *blanco de la tapia*
y amarillo del albero.

Pág. 19.

Propone aquí el poeta tres colores para confeccionar una
bandera de la región andaluza y explica su simbolismo con me-

táforas sinestésicas mediante la yuxtaposición de sintagmas nominales.

Si bien en esta explicación la elección de esos tres colores tiene una motivación subjetiva de carácter sentimental, en la estrofa de cierre, a manera de conclusión, los colores son representativos de los atributos peculiares más típicos de la tierra andaluza: el cielo, las paredes —«la tapia»— y el albero.

La exposición clara, lineal y esticomítica, está en forma dialogada, dirigida a la supuesta bandera.

DOS - HERMANAS

A Esperanza, reina del pueblo
por la gracia de su cara.

Dos - Hermanas:
en tus calles silenciosas
nacen todas las mañanas
sonrisas y mariposas.

5 *Qué lindas en mayo están*
las huertas de Dos - Hermanas
cuando cantan las campanas
el alba en San Sebastián.

Cuando la villa se llena
10 *de algazara y de ruido*
de recibir el silbido
rotundo de la sirena,

el sol dora con sus brillos
los colorados zarcillos
15 *de cristal de las obreras*
que caminan mañaneras
por senderos amarillos.

• • •

Mediodía... Los manchones
duermen su siesta sensual,
20 por un caño va el cristal
del agua de los plantones...

Un carro pasa despacio
y su crujir de madera
es el ay de una playera,
25 que se rompe en el espacio.

Las calles quedan desiertas,
hay olor de pan y ruidos
de almuerzo y gratos latidos
hogareños en las puertas.

30 Un forastero ha pasado
camino del Arenal;
detrás de cada cristal
se levanta con cuidado

un visillo; cada flor
35 de tiesto, con sed espera
la flor de la regadera;
hay en la tierra un olor
de humedad caliente y grata.

Vuelve la vida. La mata
40 bendice a Dios, los jilgueros
cantan, cantan los zagales
en la paz de los senderos
que rayan los naranjales.

• • •

Se habla de campo y de vino,
45 *de la guerra con los moros,*
de política y de toros,
en la acera del Casino.

Un pito: aprietan el paso
Carmela y Consolación,
50 *para ver en la estación*
un tren que trajo retraso.

Tienen la mirada llena
de sol, una dalia clara
en la cabeza, en la cara
55 *la belleza nazarena.*

• • •

La noche de mayo está
linda; todo maravilla.
Un coche de juerga va
caminito de Sevilla...

Pág. 21.

Este poema es una pintura costumbrista de gran valor documental. Sus cuatro partes son cuatro estampas sucesivas en el tiempo en las que están plasmados con detalle y realismo el paisaje y acontecer de la vida en el pueblo sevillano de Dos Hermanas a lo largo de los cuatro momentos de un día de mayo: el despuntar, el mediodía, la tarde y el anochecer.

El verso transcribe el ritmo vital del pueblo en cada uno de esos momentos, incluso a través de elementos fónicos: el día avanza despacio por las calles aún dormidas, como un susurro apenas. En la primera estrofa abundan el sonido alveolar fricativo sordo: «silenciosas», «sonrisas», «mariposas». Bruscamente la rima se agudiza con alegre resonancia metálica: «están» tocando diana las campanas de la parroquia de «San Sebastián». Los sonidos se hacen cada vez más estridentes y agudos a medida que la mañana avanza y las gentes van a sus faenas bajo un redondo sol que saca destellos al verso mediante una sinestesia de colores y sonidos conjuntamente: «brillos», «zarcillos», «amarillos». Doce veces aparece en esta última estrofa de la primera estampa el grafema o, cuya figura evoca al sol en su punto más álgido de luz y calor.

En la segunda parte del poema el ritmo recobra y acrecienta su lentitud primera. A veces se detiene a descansar y se apaga entre puntos suspensivos. Es la hora sagrada de la siesta. Todos reposan. La vida late silenciosa, suspendida también en el sueño. Sólo el «crujir» de un carro de madera y el caminar de un forastero se atreven a profanarlo.

La hora de riego marca el comienzo de la tarde. Con el frescor del agua renace la vida. Y las voces de los niños, el canto de las aves, la hermosura de las plantas, se confunden en un himno de acción de gracias a Dios por la alegría de la existencia. Es el allegro que cierra esta segunda parte.

Los corrillos de hombres charlando en la acera del casino, las mocitas que se apresuran para ver llegar al tren, son las últimas escenas del día. El poema concluye con una alusión a la belleza de la noche que invita a la diversión.

ALCALA DE GUADAIRA

(Tres motivos)

A Rosario y Lola

I

La piedra, el agua, la harina,
el pan, carne del Cordero,
la empedrada calle pina
y el cantar del panadero
5 *por la Calle de la Mina:*

En la Venta de Platilla
vi yo la mujer más guapa
de Alcalá de Guadaira.

II

La dorada almena vieja
10 *del alcázar ha escuchado*
la cantiga y la conseja
y el golpe recio y ferrado
de la bien forjada reja:

Alcalá "la bien cercada",
15 *por sobre tus almenados*
pasa una nube de flechas
de moros contra cristianos.

III

La ermita sobre la loma,
la noche de agosto, santa,
20 *y la Luna que se asoma*
a ver la niña que canta
rezando sobre la loma:

Aguilita Santa,
por Dios te lo ruego,
25 *que, como aguilita real, a mí venga*
tóo su pensamiento.

Pág. 25.

De nuevo un pueblo sevillano es asunto poemático. El poeta
lo presenta bajo tres diferentes aspectos, resaltando los valores
que le han dado la fama.

El motivo inicial hace referencia a su rico pan. El segundo
es de carácter histórico; alude a las luchas entre moros y cris-

tianos de las que el alcázar de la villa fue testigo. El último motivo es una pincelada paisajística del atardecer de agosto: al toque de oración una niña reza en la ermita de la patrona, la Virgen del Aguila.

Dentro de cada parte en que se divide el poema, la segunda estrofa sirve de ilustración al contenido de la primera, lo completa. Así, el cantar del panadero es la soleá que sigue tras los dos puntos, como la seguidilla es el rezo de la niña y el romance es la voz popular que tan bien conocen los viejos muros del alcázar. Pero estas segundas estrofas tienen además otra función muy importante: son muestras del cante de la tierra; tres ejemplos breves que encierran el sentir de su gente sencilla. Son las alas del cante las que han llevado más lejos la fama de Alcalá.

III. *VACACIONES EN LA HUERTA*

CAMINO LLENO DE LUNA

A Osmán del Barco

> *Pasa una sombra*
> *por el camino...*
> *Te quedas quieta,*
> *tus labios fríos*
> 5 *dicen: — Aguarda,*
> *¿quién será?—*
>
> *Por el camino*
> *no pasa nadie,*
> *es como un río*
> 10 *seco, de mármol,*
> *que se ha dormido*
> *bajo la Luna.*

Cuando acaricio
tus manos finas,
15 *tienes el brillo*
de los jazmines.

¡Oh nuestro idilio,
que da sus flores
cuando te digo:
20 *"No pasa nadie*
por el camino"!

Pág. 29.

Este poema transcribe un diálogo de amor a la luz de la luna. El temor de la enamorada por el presentimiento de que alguien se acerca rompe el idilio y el enamorado intenta tranquilizarla. Para convencerla de que están solos establece la comparación entre el camino y un río seco, o mejor aún, de mármol dormido, porque en este último símil la materialidad de la imagen asegura rotundamente la situación de soledad. En seguida el enamorado reanuda el diálogo amoroso con la expresión de su cariño en forma de tierna galantería, para terminar en una exclamación de júbilo al comprobar que ella, desterradas la sospecha y la inquietud, le corresponde.

Hay tres momentos emocionales en el ánimo de los protagonistas. Un primer momento de sobresalto en ella, en el que por un instante se hace el silencio y la quietud que los puntos suspensivos transcriben. Después el curso poemático continúa lento mientras en voz baja él argumenta palabras de consuelo y devuelve a la amada la seguridad perdida. A partir de la segunda unidad, restablecida la calma, la emoción amorosa crece progresivamente hasta el momento culmen final, cuya intensidad representan los signos de admiración.

CANCION DE NORIA

Al compás de la tranquilla
dice su verso el poeta,
el verso que en la pileta
brilla.
5   Hacen un latino canto
al subir los cangilones
y parecen corazones
en llanto...
Vuelven de las sementeras
10 los pájaros a las lacias
varetas de las acacias
y a la cruz de las moreras,
y a la noche, que se acerca,
rima una murmuración
15 el agua, en el escalón
penúltimo de la alberca.

* * *

Del pozo en las bocaminas
ponen sus sedas y blondas
los romances de las ondas
20 redondas y cristalinas,
y el gotear lento y grave
del agua de la cadena
a bordón y a prima suena
y a cante jondo suave.
25 Queda quieta la palanca
y en el suelo la vacuna
camella... Sale la Luna
a mirar su risa blanca,
lírica y llena de gozo,
30 como un jazmín florecido
en el espejo dormido
del pozo...

Pág. 31.

En *A* y *B* el poema está dedicado a la señorita Pilar Caro y fechado en Dos Hermanas, septiembre 1923.

Esta vez la fuente de inspiración es la «Huerta de las Mercedes». Situado en actitud contemplativa ante la naturaleza que le maravilla y emociona, el poeta va tomando apuntes de todo cuanto observa a su alrededor, al paso que la tarde avanza hasta componer un paisaje de delicadas y suaves tonalidades. La primera parte del poema corresponde a la descripción de la tarde y anuncia la llegada de la noche que continúa su avance gradual a lo largo de la segunda parte.

El ritmo poemático, lento y lineal, refleja ese otro ritmo natural con que la oscuridad se extiende sobre la tierra; el ritmo con que la noria da vueltas y con el que van cayendo las últimas gotas de agua de los cangilones. Los primeros versos anunciaban: «Al compás de la tranquilla / dice su verso el poeta», y ello puede explicar la irregularidad del ritmo en algunos momentos, sobre todo al comienzo y fin del poema, aunque la línea melódica nunca llega a quebrarse. Su base es el verso de dos pies, dáctilo + troqueo.

El valor colorista y musical de la palabra es otro elemento que, combinado con los anteriores, envuelve en una atmósfera de quietud esta visión apacible y dulce de la huerta.

Variantes:

Verso 6   al subir los cangilones   *V*
      ... salir ....   *A*

    9 Vuelven de las sementeras   *V*
      Llegan ....   *B*

La solución de *A* al verso 6 completa su imprecisión en el contexto situacional. La de *B* al verso 9 es menos acertada desde el punto de vista poético. «Vuelven» recoge con más exactitud la idea de retorno al descanso en el momento del día que describe el poema. Y tiene además unas características fónicas de gran valor sinestésico, porque trae asociada en sus sonidos bilabiales la idea de vuelo suave y pausado.

LAMENTACION

A Fernando Labrador

¡Malhaya este mal día
de calor que ha venido!
El calor ha dejado
caer del tibio nido
5 *al pajarillo gris,*
que era recién nacido.

¡Malhaya este solano
que ha secado las rosas
que plantara la mano
10 *de María, una tarde*
bonita de Verano!

Pág. 33.

El título responde a la queja del poeta contra el calor del verano que ha ocasionado la muerte de un pajarillo y ha secado las rosas. En cada serie hace referencia a un hecho. Ambas se inician con el mismo término imprecativo y tienen anafórica ordenación del contenido.

El tema está tratado con delicadeza y ternura. El poeta, fino observador del detalle más mínimo, fija esta vez su atención en estos seres indefensos, y lamenta la inclemencia de la naturaleza para con ellos. Es un poemita que pone de manifiesto el espíritu bondadoso de Alejandro, cuidadoso siempre de las pequeñas cosas.

EL ÁLAMO

A Juan Miguel Sánchez

> *Para, gota de rocío;*
> *rocío: no llores más*
> *sobre el álamo caído.*
>
> *Dice esta tarde el jilguero:*
> 5 *—"¿En dónde voy a dormir*
> *cuando esté muerto de sueño?".*
> *Y "¿donde estará mi arpa?",*
> *dice, y pasa mudo el viento.*
>
> *Los niños a prima noche*
> 10 *me cercaban, me pedían*
> *historias de apariciones:*
> *"Una vez era un gigante".*
> *"¿Y era muy grande?". "Pues era*
> *como el álamo de grande".*
> 15 *"Era un demonio muy alto".*
> *"¿Tan alto como el limón?".*
> *"Casi, casi como el álamo".*
> *Le da el sol en las raíces*
> *y está llorando su savia;*
> 20 *le da el sol para que brille.*
>
> *Llorando savia se muere...*
>
> *La boca del hacha, ríe...*

Pág. 34.

La naturaleza vuelve a ser protagonista en este poema triste
que tiene como personaje central un álamo caído cuyo dolor
comparten cuantos habitan con él en el bosque.

El poeta, convertido en narrador, anima a estos seres con
imágenes tan delicadas y bellas como llenas de ternura. A

partir de la tercera unidad, y a instancias de los niños que le escuchan, intercala fantásticas historias de miedo que son interrumpidas por las candorosas preguntas infantiles sobre el tamaño de sus protagonistas. El poeta responde tomando siempre como elemento de comparación al álamo. Y la figura de este árbol caído desangrándose cierra el relato. Pero antes, en los dos últimos versos, se descubre la causa de su muerte en dos imágenes de gran fuerza plástica, densas de realismo y crudeza, más impresionantes aún por la sequedad y firmeza de la expresión.

IV. *CALLES Y CAMPOS DE PUEBLO*

CANCION DE RUEDA

A J. Romero Murube

En la calle queda,
blanca, pueblerina,
da vueltas la rueda
con gracia cansina.

5   *Hay pianos, allegros,*
niñas, mariposas,
y cabellos negros
y mejillas rosas.

Y la más rubita
10 *canta su rondel:*
«Yo soy la viudita
del Conde Laurel»

> *En la viña quieta*
> *sonrió la luz,*
> 15 *sonrió un poeta*
> *triste y andaluz.*

> *En la baja puerta*
> *puso de aldabón*
> *la tarde desierta*
> 20 *su buen corazón.*

> *La espadaña reza...*
> *El poeta aquel*
> *rimó «La tristeza*
> del Conde Laurel».

Pág. 39.

A pesar del título, el poema no es exactamente una variación sobre el tema de un canto infantil popular, en este caso, la canción del conde Laurel, cuyos dos primeros versos quedan incorporados al curso estrófico. Hay un nudo argumental con un primer momento descriptivo que da paso a una escueta referencia de carácter narrativo sobre la caída de la tarde.

La primera unidad contiene un rápido apunte pictórico de unas niñas jugando al corro en la blanca calle de algún pueblo sevillano. Es una descripción al gusto modernista en la que al colorido de las imágenes se une la musicalidad del verso para expresar la festividad del ambiente.

Los versos 15 y 16 contienen una acertada definición del poeta al que va dedicada esta composición.

Variantes:

Verso

9	y la más rubita	V
	.... bonita	A
14	sonrió la luz	V
	.... una ...	A
17	En la baja puerta	V
	Y en alguna...	A
18	puso de aldabón	V
	lloró un corazón	A
19	la tarde desierta	V
	por la sombra incierta	A
20	su buen corazón.	V
	de nuestra ilusión	A
21	La espadaña reza...	V
	... campana	A
22	El poeta aquel	V
	y el poeta	A
23	rimó «La tristeza	V
	rima	A

La versión de *V* parece más trabajada y madura que la de *A*. El poema se ha despojado de las alusiones sentimentales de carácter personal contenidas en la penúltima estrofa, y la evocación de aquella tarde descrita sin merma de la emoción es más objetiva. Si en *A* es un corazón el que llora, en *V* la ternura trasciende a la naturaleza humanizada en el poema, y es la tarde quien tiene buen corazón. La preferencia del artículo determinado supone, en este mismo sentido, una intención particularizadora, al conferir al sustantivo «luz» valor genérico. En cuanto al verso 23, *B* pone el verbo en época presente contrastando con la referencia temporal al pasado del adjetivo «aquel».

RONDA

A Pablo Sebastián

Que yo no busqué tu esquina,
que ella se vino a mi paso
en el mar de aquella plaza,
como la proa de un barco.

5   Los lienzos de tus vestidos
se movían en lo alto,
pidiendo tregua al amor
por diez pabellones blancos.

Varada tiene la proa:
10   prisionera de mi barco,
él será carne de ánfora,
ánfora para tu llanto,
búcaro de tus deleites,
alféizar para tus brazos;
15   porque se vino tu esquina,
prisionera de mi barro,
por el mar de aquella plaza,
como la proa de un barco.

Pág. 41.

Con deje de cante flamenco el poeta dice sus versos a la amada intentando convencerla de que no es él quien busca su casa, sino ésta misma la que le sale al encuentro como una embarcación navegando «en el mar de aquella plaza», la de los Venerables, en el barrio de Santa Cruz, a la que desemboca la calle Gloria, donde vivía María Teresa.

Sobre esta comparación inicial de la casa de la amada con un barco que avanza hacia el enamorado, las metáforas marineras convierten al poema en una alegoría para simbolizar la intensidad y fuerza del cariño que ambos se profesan, y que tan gráficamente expresa la metáfora de los versos 9-10.

El deje de cante flamenco al que aludí se basa en el «que» inicial que sirve de apoyo al cantaor antes de dar entrada al tema. Igualmente, el poeta ronda a la amada entonando sus versos, y de ahí el título del poema.

PINARES

Al Maestro Salinas

Nochecita en los Pinares...
El viento dejó sus tristes
coplas de duda y de engaño
en las gavias de la linde.
5   *Morena del traje blanco:*
en el pinar yo te dije
mi oración, la que tú sabes
inspirar cuando sonríes.

Se acercaban las estrellas,
10   *para escuchar nuestros firmes*
juramentos, y temblaban
brillando como jazmines...
¡Nochecita en los pinares!
¿Cómo quieres que te olvide?
15   *La Luna de julio estaba*
muy blanca, y tú me quisiste...

Pág. 43.

En *B* el poema está fechado en Alcalá, julio 1924.

El poeta recuerda emocionado una noche de julio en que a la luz de la luna intercambió promesas de amor con la amada. En la evocación, el paisaje testigo de aquel momento íntimo y feliz tiene vibración humana. Hasta las estrellas tiemblan contemplando la dicha de los enamorados, la intensidad y sinceridad de sus sentimientos.

Todo es claro y limpio en este poema: el vestido de la amada, las estrellas que semejan jazmines luminosos, la luna. En esta noche de julio predomina el color blanco, símbolo de pureza, y reina una atmósfera de serenidad y equilibrio que queda ahogada por una explosión de incontenible felicidad en los versos 13 y 14.

La carencia de detalles al describir la escena está compensada por el poder sugeridor de los puntos suspensivos.

EL FORASTERO

A Eduardo Llosent

¿Para qué te habré mirado,
mocita de Dos - Hermanas,
la noche de Santiago?

¡Ay mocita aceitunera,
5 qué bien te va ese vestido
color de tierra de huerta!

En la sombrilla de luces
de la feria no vi luz;
la vi en tus ojos azules.

10 El vapor de la algazara
injertaba en clavellinas
los jazmines de tu cara.

Que me bauticen tus labios:
llámame con un apodo,
15 con un apodo salado.

—El galán que a mí me case,
ha de ser el más galán
regador de naranjales.

—¡Ah! ¡Quién fuera regador
20 *de tus blancos azahares!*

Pág. 45.

Este poema transcribe un diálogo entre un galán forastero
y una joven del pueblo de Dos Hermanas. Lo inicia él recordando la noche de feria de Santiago cuando la conoció y se
prendó de la hermosura de su cara y de la luz azul de sus ojos.
Aparentemente se lamenta de este encuentro; sólo aparentemente, porque la pregunta que se hace a sí mismo en la primera estrofa y el tono quejoso de la segunda no son sino procedimientos retóricos mediante los cuales reconoce el profundo
amor que siente hacia la joven. Ciertamente dejan traslucir
también alguna pena, pues no está seguro de que ella le co-
rresponda, pero así lo espera confiado.

Y, en efecto, aunque no en forma directa, la respuesta de
la mocita es afirmativa y chispeante de ingenuo atrevimiento,
porque encierra una proposición de matrimonio. La única condición que impone a quien pretenda desposarla es que «ha de
ser el más galán / regador de naranjales». La naranja es símbolo
de Sevilla y símbolo del amor en la poesía de Alejandro, y
ese curioso requisito que la joven exige al galán es la confirmación de la autenticidad de su cariño.

V. *MUCHACHAS DE PUEBLO*

Cuando tu quieres

A Emilia

Cuando tú quieres
eres la más bonita nazarena,
y con tus ojos todos los caminos
de la ilusión alegras.
5 Cuando te pones la mantilla blanca
tus ojos se sombrean,
y te dicen piropos encendidos
las luces de la Feria.
¡Qué linda estás con el pañuelo rojo
10 de figuras chinescas!,
en tus manos se llenan de frescura
las flores de papel de las verbenas.
Pero me gustas más cuando te veo,
en los domingos de la Primavera,
con tu velito negro,
saliendo de la iglesia.

Pág. 49.

En este poema Alejandro requiebra a una amiga de Dos Hermanas cuya belleza, natural y serena, no necesita adornarse con traje de fiesta para ejercer atractivo.

DALIA DE LUZ

A Rafael Porlán

Aquella luz era, madre,
la luz con que yo soñé;
los fuegos artificiales.

Primero toda de oro
5 *y después toda de sangre*
y luego toda de llanto
y después toda de sangre
y luego otra vez de oro.

Los fuegos artificiales;
10 *la luz con que yo soñé*
aquella luz era, madre...

Pág. 50.

Tomando como punto de partida el verso 6, central de la composición, ésta se divide en dos partes inversamente semejante en todo, incluso en cuanto a la rima, cuyo esquema es *aba // CADAC // aba*. Es decir, a partir del verso 6 se repiten en orden inverso los anteriores con escasas variantes en el verso 8, las exigidas por la lógica en la secuencia del contenido.

Esta técnica se ajusta muy bien al tema: una niña cuenta a su madre la emoción sentida al contemplar una luz que sólo conocía de imaginarla: la luz de los fuegos artificiales. Tanta alegría le produce el verlos por fin en la realidad, que sus palabras traducen ampliamente el entusiasmo y el júbilo de los deseos cumplidos. Y de tal forma grabó en su retina el espectáculo, que su explicación detalla paso a paso el proceso completo de los fuegos, como una fuente de luz lloviendo mil gotas de colores, o como una inmensa flor abriendo en el cielo mil pétalos encendidos de «oro», «sangre» y «llanto», los tres colores que alumbran instantáneamente la noche de fiesta. De este último símil le viene el título al poema.

El uso exclusivo del sintagma nominal en la segunda unidad, la esticomitia, junto con la anáfora de tipo léxico y la ordenación de los elementos sintácticos, se combinan para reproducir en el verso la brevedad de los cambios de luces y colores.

En la estrofa de cierre la narradora vuelve a la realidad del presente para evocar con nostalgia aquel espectáculo que la hizo feliz. Los puntos suspensivos dejan el verso en el aire mientras su imaginación vuela libre al mundo soñado.

Retrato

A Esperanza

Con letra de cante jondo
hay que cantar la graciosa
picardía de tus ojos.

Y con letra graciosa
5   *de seguidilla,*
la gracia de tu cuerpo
de maravilla.

—¿Y el estribillo?
—¡pa' ponerte cerezas
en los zarcillos!

Pág. 51.

En este poema-retrato o poema-requiebro, que ambas cosas es, están dibujados los rasgos más peculiares de la mujer a quien va dedicado. Esperanza despierta la admiración del poeta por la gracia de sus ojos y de su cuerpo, y a él, en un arranque de emoción y entusiasmo, le brotan estas coplas dichas con el salero del cante gitano.

Valme

A Pedro Garfias

¡Ay, madre, cómo me cansa
la vida que estoy viviendo:
de cadena que no acaba
son mis horas cangilones:
5   *a la fuente por el agua,*
a charlar con quien me quiere,
a estarme dentro de casa,
a charlar con quien me quiere,
a la fuente por el agua...
10   *son mis horas cangilones*
de cadena que no acaba,
la vida que estoy viviendo,
¡ay, madre, cómo me cansa!

Pág. 52.

El motivo poemático es la queja de una joven a su madre por la monotonía de la vida en el pueblo. Todos los recursos de la técnica narrativa se conjugan para plasmar en el poema esa impresión de monotonía. A tal fin, las unidades versales hasta el verso 7 —central— se repiten en orden inverso a partir de él. Pero es en el plano de las interrelaciones morfosintáctico-semánticas donde se encuentran los elementos verdaderamente relevantes para establecer el comentario. La narración transcurre en época actual, expresada mediante la forma verbal del presente de indicativo sola o acompañada del gerundio. Ambas indican acción inacabada, respectivamente puntual y en desarrollo. En último término, y en este contexto poemático, dan idea de duración hasta el infinito, de estatismo, por lo tanto. Por otra parte, hay que señalar la anáfora preposicional al comienzo de los versos 5 al 9, y la aparición, en los versos 6, 7 y 8, de la forma verbal de infinitivo, que expresa atemporalidad. El ritmo acentual tiene por base el verso octosílabo com-

puesto de pie dactílico más trocaico. La reiteración de este
único esquema da al poema un ritmo insistente y machacón.

A nivel léxico se asegura con más claridad la impresión de
cansancio. La joven compara su vida a una cadena sin fin.
Siente el paso de las horas, de los días, en todo semejantes,
con los mismos quehaceres y aconteceres, como los cangilones
de una noria que gira y gira llevando siempre el mismo agua.
Y se lamenta con honda pena de su vivir monótono y grisáceo.
Por boca de esta joven el poeta ha hecho hablar a la joven
de pueblo en general, que siente escapar sus años mejores, y
con ellos sus ilusiones, sumida en un aburrimiento sin esperanza.

FERIA

A Adolfo Quijano

—*Tú no traes en los zapatos*
el albero de la Feria.

—*¡Si se me murió mi madre*
antes de la Primavera...!
5 *Mira que tengo la cara*
deslucida por la pena;
mira que tengo los ojos
grandes, de llorar por ella,
que no visto traje azul
10 *ni mantón de enredadera,*
que no se juntan con flores
mi pecho ni mi cabeza,
que cuando piso la calle
es cuando voy a la iglesia
15 *en el alba del domingo*
para la misa primera...

nadie mira mis balcones,
nadie me ronda la puerta.

    —Ya tienes quien te haga ronda
20 *todos los días de fiesta,*
    quien oiga misa contigo
    junto a la concha de piedra...

    —¿Quién podrá ser mi galán?

    —El que te dice con pena:
25 *"Tú no traes en los zapatos*
    el albero de la Feria".

Pág. 53.

Este poema es un hermoso diálogo que acaba felizmente con promesa de amor.

El galán se acerca esta vez a una joven extrañado porque en sus zapatos no están, como los de otras, manchados por el polvo de la Feria. La observación de un detalle tan simple da pie al diálogo en el que ella, respondiendo a la amabilidad de su cortejador, le hace saber la muerte reciente de su madre. Pero a medida que su explicación avanza va descubriendo su corazón y el joven llega a saber por sus palabras la tristeza y soledad que la afligen, y comprende cuánto necesita quien la consuele y le devuelva la alegría.

En el retrato que la muchacha hace de sí misma denota la nostalgia de otras primaveras en que, como las demás, vestía el atuendo de las fiestas y atraía las miradas a su alrededor. Sólo recordarlo le causa pena. Y es el sentimiento de autocompasión, su sencillez y naturalidad, lo que conmueve al joven y despierta en él una corriente de simpatía y generosidad que le empujan a comprometer su amistad y cariño.

VI. EL POEMA DE LOS CASCABELES

A MANOLO HALCON,
*recuerdo de una noche «cru-
cificada».*

I

Luna de Andalucía,
reina de la llanura,
me cambiaste la dura
luz dorada del día
5   en una dulce blancura
serena y grata.
Paleta de un solo color,
por ti, de noche, el Señor
todo lo pinta de plata.

10   Luna, lunera,
cascabelera;
cascabelera
es mi canción
de carretera...
15   el diapasón
lo regalan los lebreles
tras la manola ligera,
al compás de los cascabeles.

II

Para saber lo que es armonía
20   es preciso que hayas estado
en la ventana, muerto el día,
mirando cómo en el vallado,
tornasoladas de diamante,
abren sus brazos las chumberas,

25 esperando al viento distante,
    que se levanta en las rastrojeras,
    para ofrecerle sus espinas
    en amorosa vibración...
    en las espinas cristalinas
30 compone el viento su canción.

    Y luego el viento va al jardín
    y posa ligero su mano
    en la blancura del jazmín,
    como en las teclas de un piano.

35   Noche, el silencio se obscurece;
    llega un jilguero que se agarra
    a la yedra y, mientras se mece,
    hay bordoneos de cigarra
    a lo largo de la cortina.

40   Es un gran órgano sonoro
    el pino: en él la golondrina,
    sobre un intenso piar, a coro,
    de gorriones, que se afana
    en aturdir; con devoción,
45 el registro de la voz humana
    abre al repique de oración.

    Pero te queda todavía
    la última estrofa musical:
    noche de luna: ¿Es noche? ¡Es día!
50 sobre el laurel de la alquería
    se abre la aurora sideral.

    Ahora lo blanco es lo que impera:
    se descoloran los claveles,
    del lado de la carretera
55 vienen besos de cascabeles.

III

El me decía: —"Estarás
a las once en el portillo
de los pinares. ¡Qué bien
vas a pasarlo conmigo!
60 *La noche está clara, iremos*
hasta dar con el camino,
andando. Allí nos aguarda
mi coche..." No sé qué dijo
después. Sus dedos sentí
65 *alrededor de los míos*
y suspiré... Con un beso
él me cortaba el suspiro.

Y llegó la noche clara.
Estrellas y luceritos
70 *se reían de mis miedos*
a las once en el portillo.

El heno estaba agostado,
por la chispa fue transido...
Fue la culpa de los dos,
75 *de ninguno, ¡del cariño!*

Sobre el asiento de pana
me dejé caer, lo mismo
que si hubiese atravesado
cuatro veces el cortijo.

80 *Ya las ruedas se movían;*
él me juraba al oído
que entre todas me tomaba
para madre de sus hijos.
Y luego, de recio: "Mira,
85 *es un antojo, un capricho,*

> *ahora vamos a cambiar*
> *besos tuyos por los míos,*
> *al son de los cascabeles*
> *que tiemblan de regocijo,*
> 90 *viendo que viene a mi lado*
> *una flor, como no han visto*
> *otra igual en el contorno*
> *ni el sol ni los campesinos".*
>
>   *El tín tín me mareaba*
> 95 *igual que marea el vino...*
> *al son de los cascabeles*
> *comenzaron mis martirios.*

Pág. 57.

La división de este poema en tres partes obedece a los tres motivos diferentes que hay en su contenido y que corresponden a distintos momentos en la línea argumental. La aparición en todas ellas del término clave «cascabeles», que forma parte del título, les sirve de conexión. (A propósito del título, Manuel Halcón me explicó su significado y el de la dedicatoria: el poema rememora una noche en que Alejandro y él visitaron algunas cruces de mayo y más tarde fueron en coche de caballos a su finca «La Andrada»).

El motivo inicial es un canto a la luna de Andalucía; una luna musical, como la voz popular la canta en los versos incorporados al poema: «Luna, lunera, cascabelera», y que el poeta simboliza en una paleta monócroma con la que el Señor pinta el cielo de plata.

Este canto a la luna es la primera pincelada del fondo paisajístico que se irá completando a lo largo del poema, y que sirve de marco a los acontecimientos narrados en la parte III. Es un paisaje animado, hermoso, en el que reina la quietud y, sobre todo, la armonía. Todo en él es armonía: la canción del viento al mecerse en las espinas de las chumberas o la melodía que arranca su mano de las teclas de los jazmines. Armonía es los «bordones de cigarra» que produce el jilguero al posarse en la yedra de la ventana o el canto coral de la golondrina y los gorriones sobre el «órgano sonoro» del pino. La armonía nace, en fin, del buen orden y concierto entre los elementos de la naturaleza que en este paisaje encantado del poema cobran vida propia.

Pero hay aún otra clase de armonía no musical: la del color. El blanco luminoso de la luna baña con su monocromía la noche. Y en esta noche de verano diáfana, romántica, sensual, tiene lugar la historia que pone fin al poema. La misma protagonista cuenta cómo se entregó al hombre amado. Aquellos momentos son revividos en su recuerdo con tal intensidad y reconstruidos con tal detalle, que a través de sus palabras deja sentir el mismo miedo y cansancio que la embargaban aquella noche; hasta el rubor se nota en la alegría contenida por la felicidad del amor.

Hacia el final, el soniquete de los cascabeles, que ha puesto una nota de júbilo en el poema, parece quedar velado por un acento de nostalgia y dolor. En los dos últimos versos la joven da a entender que aquella dicha está muy lejana y en nada se parece el presente a aquel otro que acaba de evocar.

El título de la última serie hace suponer que Alejandro

II. «MEDIODÍA»

PRESENTACIÓN

Alejandro publicó en la revista «Mediodía» veinte poemas
desde 1927 a 1933. Trece de ellos están recogidos en *Poesías;* los
señalo con asterisco en la relación que sigue:

1927, n.° 6. *Versos llanos.*
          Rondel de Don Presumido*, Colegio*, Angel*.
          La Huerta del Rey*.

1928, n.° 10. *Cuatro poemas.*
          Rueda de Abril *, Mira *, Valery Larbaud, A
          un pintor *.

1928, n.° 13. *Pormenores y alegrías.*
          Errata, Tocado*, La tarde, Fuga, Canción para
          leer, Nana mayor*, Un verdón*, Utrera*, Can-
          te del purgatorio.

1933, n.° 15. *Canto a Sevilla (fragmentos).*
          Vino, Hiniesta*, Vendaval*.

Los poemas, como se ve, están agrupados por series bajo
un título común, pero, salvo en el caso de la última, ello no
presupone unidad temática, ni siquiera determinada línea esti-

lística en forma absoluta. En ambos planos ofrecen con respecto a *Versos* ciertas diferencias: visión más objetiva de la materia poética, disminución del elemento autobiográfico, simplificación de los recursos formales hacia la expresión de lo sustancial en imágenes de tendencia impresionista, mayor depuración, en suma.

El título de la última serie hace suponer que Alejandro pensó componer un canto a Sevilla. La avanzada fecha de publicación de estos fragmentos puede explicar que no llegara a realizar el proyecto, si es que lo tuvo.

TEXTOS Y ESTUDIO DE LA OBRA POETICA

VERSOS LLANOS

RONDEL DE DON PRESUMIDO

Sí. Si tuviera naranjos
de hoja larga, verdeviva,
sí, si tuviera naranjos
la calle te rondaría.

5   *Si tuviera olor de patios,*
surtidores de agua fina,
arroyo de piedras bajas,
y estrellas de celosías,
si tuviera olor de dulces
10   *la calle te rondaría.*

Balcones de resolana,
ventana de anochecida,
y en una quiebra del suelo
una cadena de hormigas
15   *que se me llevara el tiempo*

de la espera muy deprisa;
si tu calle fuera así,
la calle te rondaría,
como no es así tu calle
20 *no he de rondarla en la vida.*

M, n.º VI, pág. 6.

Responde el título a la actitud exigente de un galán que se niega a rondar la calle de una mocita porque carece de una serie de requisitos para él imprescindibles: naranjos, olor de patios, surtidores, ventanas de celosías, y hasta olor de dulces y una cadena de hormigas para entretener el tiempo de la espera mirándolas.

Es el arquetipo de calle genuínamente sevillana la que describe el galán, y ello denota su condición de sevillano cabal, de gustos exquisitos, exigente en extremo. Sólo en un marco de tales características accedería a rondar un amor, y por eso desprecia a la joven.

Variantes:

Verso 20: no he de rondarla en la vida   *M*
.... la......   *B*
            mi
.... mi......   *P* (pág. 92)

La solución de *M*, «en *la* vida», estaba vacilante en el original mecanografiado. El poeta se decidió al fin por el artículo, que, aunque menos particularizador y enfático que el adjetivo *mi*, extrae su valor posesivo del contexto. Ciertamente el adjetivo habría estado más en consonancia con la línea sicológica egocéntrica del protagonista.

COLEGIO

Octubre te despertó
cuando seis horas tenía,
corazón mal madrugado
en la noche por el día.
5   El curso como una plana
sus pautas te entregaría,
la escuela puertas no tiene,
ah, qué bien aprenderías.

—¿Capitán tú quieres ser
10   para la guerra bravía?
—No me prendo de banderas,
ni ser capitán querría.

—¿Tú quieres ser capellán
de blanca feligresía?
15   —La virtud no me decora,
ni ser capellán querría.

—¡Marinero! ¿Marinero
del Norte y de la mar fría?
—Yo nunca he visto la Mar,
20   ni ser marino querría.

Uno, coraza de juego
al corazón le ponía,
otro con mitra dorada
la frente se esclarecía,
25   y sueña junto a los charcos
otro su marinería;
y yo, perdido entre todos,
en ti pensando reía.

> *Era el sol yema de bronce,*
> 30 *la azul campaña tañía*
> *y así perdió la primera*
> *clase mi holgazanería.*
> *La revuelta de mi calle*
> *una copla me traía,*
> 35 *se fue volando, se fue*
> *y a la querencia de casa,*
> *pensando en ti la sentía.*

M, n.° VI, pág. 6.

En *A* el poema se titula *Reloj de la mañana* y está dedicado a Rafael Alberti. El mismo título, sin dedicatoria, tiene en *B.* En *P, Reloj de la mañana. Las seis.*

El poeta nos transporta a su infancia. Es el primer día de curso; el primer madrugón. En una escuela sin puertas el colegial va a llenar cada día la plana que le permitirá con el tiempo ser algo en la vida. Pero no capitán del ejército, ni sacerdote, ni hombre de mar. A este niño no le atrae, como a sus compañeros, ninguna de estas aspiraciones tradicionalmente infantiles. Su corazón ya enamorado le hace sentirse mayor y soñar, como tal, con cosas más serias. Mira a los demás niños de su edad con burlona sonrisa de superioridad: «y yo, perdido entre todos, / en ti pensando reía»; y se emociona al oir una copla mientras de vuelta a casa continúa pensando en su amada.

Tras presentar al protagonista mediante el pronombre «te», y las circunstancias espacio-temporales de la acción, el poeta abre un breve diálogo entre un adulto —tal vez el maestro— y el niño —el poeta niño— a lo largo de las tres unidades que siguen. El adulto es la voz de la experiencia preguntando en términos genéricos, formularios; es un recurso para que el niño se defina abiertamente, con seguridad impropia de su edad.

La gravedad de este hombrecito resalta aún más en el contexto escolar que se describe a continuación y del que su espíritu abstraído se aisla contrastando con las actitudes ingenuas, despreocupadas, infantiles al cabo, de los niños que juegan soñando con llegar a ser personalidades en los tres mundos sugeridos por la voz anónima. Es precisamente el soñar con cosas reales, con un amor nada menos, lo que distingue a nuestro niño de los demás, lo que le confiere mayoría de edad.

Las tres interrogantes, planteadas en el tono grave de los asuntos importantes, no ocultan la intencionalidad persuasiva, especialmente la tercera, que va antecedida del término «marinero» destacado entre signos exclamativos. La respuesta a cada una de ellas es una negación categórica. La construcción sin táctica, anafórica en unas y otras, denota insistencia por parte de ambos interlocutores. En el caso del niño es reflejo de seguridad en sí mismo y de carácter, aunque revela también cierta tozudez.

Con el sol de mediodía la campana señala en el verso 29 el término de la jornada. El verso 31 anuncia el fin de la narración: la conjunción y el adverbio dan el tono conclusivo.

Variantes:

Verso 6	sus pautas te entregaría,	*M*
	.... brindaría,	*A*
7	la escuela puertas no tiene,	*M*
	... clase	*A*
12	ni ser capitán querría	*M*
	.... quería	*A*
15	—La virtud no me decora	*M*
	—De virtud no tengo adorno	*A*
16	ni ser capellán querría	*M*
	.... quería	*A*
20	ni ser marino querría	*M*
	.... quería	*A*

24 la frente se esclarecía;   M
.... enaltecía   *A* y *P* (pág. 79)

25 y sueña junto a los charcos   M
soñaba............................. *A, B* y *P*

28 en ti pensando reía.   M
pensando en ti, me reía   *P*

29 Era el sol yema de bronce,   M
Pero ....   *A* y *B*

31 y así perdió la primera   M
Así gastó ....   *A*
y así gastó ....   *B* y *P*

Resumen:

Verso 7: «clase» y «escuela» son en este contexto términos sinónimos, pero «escuela» es más popular.

Versos 12, 16 y 20: en *A* dice «quería» y en las demás versiones «querría», solución que a nivel semántico es más exacta porque, tratándose de la respuesta a un futurible, esta forma indica hipótesis, posibilidad. Pero estilísticamente el imperfecto es más acertado y lógico, teniendo en cuenta que el poema es un romance cuya rima tiene como base esta forma verbal, la cual además puede expresar el valor semántico apuntado.

Verso 15: *A* presenta una diferencia de enfoque más subjetivo frente a los demás textos. En ellos, a esta segunda pregunta sobre una profesión comprometida en el terreno religioso, el niño no responde en primera persona, como hace en las otras dos. Tal vez para alejar de sí la culpabilidad de no ser virtuoso se convierte en sujeto paciente de la virtud. Reconoce así estar libre de responsabilidad ante algo sobrenatural que al parecer le es negado, y reafirma la imposibilidad de aspirar al sacerdocio.

Verso 24: la variante «enaltecía» en *P* frente a «esclarecía» de las demás versiones ofrece una diferencia de matiz. Etimológicamente el verbo enaltecer hace referencia directa a la ilusión de destacar, de llegar a ser un hombre de relieve. Esclarecer está más a tono con el verso anterior. El poeta lo emplea también en sentido etimológico: iluminar, dar claridad, fama. Alude muy directamente al brillo y la hermosura de la mitra, que un niño se ciñe.

Verso 25: por un momento en el transcurso de la narración, el poeta imprime actualidad a su recuerdo de infancia al sustituir en *M* el imperfecto «soñaba» por el presente «sueña».

Verso 28: *P* ofrece una variante sintáctica más conversacional pero, por ello, más espontánea y enfática; sobre todo, por el empleo del pronombre de interés «me». Pospone además el complemento al verbo, con lo que la persona amada, representada en el pronombre «ti», queda relegada a segundo término, siendo ella, sin embargo, el punto donde convergen los pensamientos y sentimientos del enamorado.

Verso 29: en *M* inicia un enunciado independiente en cuanto al sentido, mientras en las demás versiones el nexo adversativo «pero» coordina esta unidad con la anterior.

Verso 31: en este caso, salvo en *M*, se establece el enlace estrófico mediante la cópula «y». En cuanto al léxico, *M* frente a los demás presenta el verbo perder por gastar, más conversacional.

ANGEL

Anúnciame, Angel bueno,
que el Sol viene
cogidito a la Luna,
la estrella anúnciame
5 y la flor de mañana
Domingo y hazme
promesa de pez nuevo
y nueva miel.

Grangea por los tallos
10 y córtame
el trébol de las tres hojas
que tiene sed.
Cosecha pajaricos
y guárdales
15 del moreno, mimado
niñito cruel.

Anúnciame los hijos,
anúnciame la vejez.

La muerte,
20 bajo el embozo fiel,
una noche de Reyes,
como un juguete, déjame

M, n.º VII, pág. 7.

Con el alma ingenua y candorosa de la infancia el poeta eleva a su ángel bueno una sencilla oración en la que pide mensajes de ilusiones, protección y paz —«flor», «miel», «pajaricos»...

Como corresponde a una súplica en boca de un niño, la expresión es sencilla, transparente, amable. Los diminutivos «cogidito», «pajaricos», «niñito», colaboran, en este sentido, al tono íntimo y cariñoso de la petición. La nota oscura, el contraste, lo pone la unidad de cierre: el poeta pide una muerte dulce como un sueño, pero ni siquiera la elegancia y la levedad de la expresión amortiguan la tristeza honda, dramática, de estos versos.

Alguna inquietud denota ya la impresión de desequilibrio rítmico que en algunos momentos rompe la melodía del poema. Esta ruptura de la linealidad melódica se debe por una parte a la alternancia de metros de tan corta medida —fluctúan entre tres y ocho sílabas—; por otra, a la cambiante naturaleza prosódica de la sílaba sobre la que recae el áxis; y, por último, a la brusquedad de los encabalgamientos.

LA HUERTA DEL REY

Una cancela dorada
tiene a la vía del tren
y un letrero azul que dice:
«Esta es la Huerta del Rey»,
5   —Jazmín, Heliotropo, Dalia—,
«Esta es la Huerta del Rey».

En medio se ve la casa,
la noria en su terraplén,
una alberca de tres fondos
10   y un merendero chinés,
—Begonia, Yerbaluisa—,
y un merendero chinés.

Las puertas de las ventanas
tienen panales de miel,
15   la noria se quedó muda

y la alberca tuvo sed,
—Albahaca, Flor de Jarro—,
y la alberca tuvo sed.

El cielo sobre la Huerta
20 jamás azul le veréis,
es color de agua podrida,
color de cielo sin fe,
—Malva Real, Pasionaria—,
color del cielo sin fe.

25 Una niña el amo tiene,
florida como un vergel,
como hija no la mira,
la mira como mujer,
—Cineraria, Margarita—,
30 la mira como mujer.

Se está bañando en la alberca,
el amo la quiso ver,
la noria se quedó muda
y la alberca tuvo sed,
35 —Crisantemo, Violeta—,
y la alberca tuvo sed.

Se pudrió el cielo de mayo,
flor no pudo florecer,
la Muerte lanzó su piedra
40 contra la Huerta del Rey.
—¡Ay mis flores de mi Huerta!—
contra la Huerta del Rey.

M, n.° VI, pág. 7.

En el manuscrito Versos el poema lleva la dedicatoria «A mis flores».

Cuenta este romance una insólita historia de amor con final trágico. Por huir de la apasionada mirada de su padre, el dueño de la huerta, una hermosa joven muere ahogada mientras se bañaba. Antes de narrar los hechos el poeta nos traslada al lugar donde ocurrieron: la Huerta del Rey; un maravilloso edén sevillano que se extendía hacia la margen derecha del Guadalquivir. El poema lo describe como un remanso iluminado por los colores delicados y vivos de las flores más diversas, digna residencia de algún importante personaje árabe, como ciertamente fue en su tiempo. Tal vez del mismo a quien pudiera atribuirse lo que el poema relata, leyenda o verdad.

Por sus características, el romance tiene el aire juglaresco de esas recitaciones callejeras cargadas de fantásticos e insólitos acontecimientos, mezcla de verdad y ficción, que tanto recreaban al curioso auditorio. Nuestro poeta-juglar demuestra conocer muy bien la técnica de su oficio y, sobre todo, tiene experiencia en atraer la atención del público. El suceso es interesante: un amor imposible que lógicamente acaba mal. Final con consecuencias moralizantes, de aviso, como castigo a los deseos prohibidos. Los protagonistas deben ser de rango social elevado. No importa desvelar sus nombres: habitan en la Huerta del Rey, en Sevilla. Es suficiente. Un fragante vergel árabe en tierra de cristianos es marco ideal. Y el juglar se esmera en describirlo sin prisas, predisponiendo el ánimo a comprender la tragedia casi por un determinismo ambiental.

Hasta el verso 14 nada hace pensar en el desenlace, pero, de golpe, la metáfora salta en el verso 15 como un resorte sabiamente movido por la subjetividad del narrador: las imágenes de la noria muda y la alberca sedienta presagian algo grave y oscuro. Su aparición determina un enrarecimiento de la atmósfera antes limpia y luminosa. Hasta el cielo se ha puesto «color de agua podrida», / color de cielo sin fe». Los presentimientos se confirman en seguida. Estas últimas pinceladas descoloridas y fúnebres dan paso a la narración. Diez versos ocupa de los dieciocho que restan (la fuerza plástica de las metáforas permitiría que fuera aún más escueta). Incluso aque-

Gloria,

Not searched
on OCLC.

Proof matches.

Tks.

lol

llos versos de «la noria se quedó muda» y «la alberca tuvo sed» tienen un significado inédito. Antes solamente anunciaban la tragedia; ahora, ya consumada, son como dos gargantas sobrecogidas por la presencia de la muerte. Una muerte fría y cortante simbolizada en esa «piedra» lanzada contra la Huerta. La niña muere apenas los capullos comienzan a florecer. La primavera herida por la piedra mortal se trunca en brotes. El cielo de mayo viste de luto por la flor más hermosa.

El verso 5 de cada unidad juega un papel fundamental en el romance. Tras él se repite el anterior a manera de estribillo. Este verso 5, sintácticamente independiente —va entre guiones—, guarda estrecha relación con el contenido temático. Lo ilustra. En él enumera el poeta las distintas flores que adornan el jardín. La flor citada es siempre la más apropiada para cada lugar, y, al mismo tiempo, la requerida por el tono sentimental del contenido: heliotropos y dalias a la entrada, begonias junto al merendero, albahacas y flores de jarro al pie del agua... Cuando el cielo se enturbia presagiando dolor, el color de las flores se vuelve también apagado y triste: «Malva real, Pasionaria»; y fúnebre, por fin: el crisantemo y la violeta componen el sencillo ramillete que el jardín ofrenda. El poeta, que siente profundamente la pena de sus flores, convierte el verso 5 de la última unidad en un lamento que pone fin al romance.

Variantes:

Verso	5	—Jazmín, Heliotropo, Dalia—,	*M*
		...............Malvaloca	*B*
	29	—Cineraria, Margarita—,	*M*
		—Margarita, Cineraria—,	*B*
	32	el amo la quiso ver,	*M*
		el amo la quiere ver,	*A*
		el padre la quiso ver,	*B*
		su padre la quiere ver,	*P* (pág. 89)

35	—Crisantemo, Violeta—,	**M**
	—Don diego, Miramelindo—,	**B**
	—malva real, pasionaria—,	**P**
38	flor no pudo florecer,	**M**
	no pudo flor florecer,	**A**

En todos los textos cotejados con *M* falta la 5.ª unidad. Esta 5.ª unidad, como puede deducirse del comentario, es de importancia esencial en el desarrollo argumental del poema; punto clave en el avance progresivo hacia el desenlace de los hechos, que con ella se retardan, pero quedan, sin embargo, mejor explicados. Permite además la aparición del crisantemo y la violeta, flores con cuyo simbolismo el poema queda definitivamente completo.

Aparte de afectar al contenido, la ausencia de esta unidad ocasiona en *B* y *P* las variantes señaladas en el verso 35 de la 6.ª

La segunda variante más notable se da en el verso 32. Hasta él la narración está en presente. El poeta ha dudado si continuarla en la misma época y, por fin, se decide por el pasado. Pretende con ello destensar el ánimo del lector —u oyente— en el momento álgido y final de la tragedia; recordarle que es un suceso lejano. La función del verbo en pretérito absoluto es, por tanto, devolver a los hechos su carácter histórico, que la forma de presente hizo olvidar en pro de un mayor realismo, verosimilitud y emoción.

CUATRO POEMAS

RUEDA DE ABRIL

Un naranjal
y un toronjil
y una hojita de cristal
para la niña en abril.

5 *Por mi cara, si su huerto*
tiene una pared,
la niña del hortelano
la verá de papel.

A la puerta misma,
10 *ya saca la malva*
su olor en camisa.

Si miras al suelo,
nadie sabrá lo que quieres.

Mírale los cardenales:
15 *mordida de tus dientes,*
la ciruela me dice
que te bese.

Por mi amor, si el huerto
tiene pared
20 *de amarga cal, a mi niña*
le sabe a miel.

Al alegre nardo
y a la dalia de abril
les hago caso;
25 *no has de llorar, mi niña,*

si en el pecho te paro
las mariposas alegres
de mis abrazos.

    Llenaron su puerta toda
30 *mis amigos los naranjos*
    de pajaritos de boda.

    Vente por el naranjal,
    vente por el toronjil,
    novia de fino cristal,
35 *niña bonita de abril;*

    y veremos al demonio
    comiendo perejil,
    por el naranjal,
    por el toronjil.

M, n.° X, pág. 12.

Como el título anuncia, el poema es una retahila de canciones de rueda neopopulares. Los diferentes motivos temáticos están enlazados sobre el paisaje de fondo: la huerta, con sus naranjales y flores abrileñas.

Según es propio de los cantos de juego, prevalece sobre todo el ritmo, alegre y rápido. Lo favorecen la brevedad de metros y estrofas y la sencillez de la construcción sintáctica, en la que predominan el sintagma nominal sobre las oraciones simples de núcleos verbales en tiempos presentes.

Hay ocho rimas, asonantes y consonantes, cuya distribución contribuye a relacionar las distintas unidades dando cohesión al conjunto.

Variantes:

B_1 intercala entre los versos 12 y 13 el sustantivo «niña» en función vocativa. Con él queda identificada por vez primera la segunda persona a la que el poeta se dirige. En el verso 23, B_2

y P (pág. 97) ponen «gentil» y M «de abril», atributo más propio para una flor y más a tono también con el contexto primaveral que se describe.

MIRA

Mira de la calle vana,
curiosa del horizonte;
en la mira, copla, ponte
tu vestido de campana.

5   Si te quitaron el pie,
es aire puro motivo,
corazón y en vuelta, vivo,
el aire si se te ve.

Y no quiera tu metal
10 a la rueda del palomo,
copla blanca, mira, como
el mirador de cristal.

Ni que la cigüeña cana
haga tu canto madera.
15 ¡Sin Pasión la primavera!
¡Alegres, copla y campana!

M, n.º X, pág. 13.

El poeta pide a la copla que airee su blancura y transparencia de cristal con viveza, cuando en la espadaña vista el traje metálico y sonoro de campana. Quiere su vuelo limpio y alegre, primaveral. «¡Sin pasión la primavera!», dice en el verso penúltimo, en una voluntad de convertir el abril sevillano en luz y júbilo, excluyendo el dolor de nuestra Semana Santa.

VALERY LARBAUD

(Canción militar)

Para la guerra de la China,
para la guerra del Japón,
ahora revista sus escuadras
papá Valery Larbaud.

5   Los soldados cómo le miran,
cómo le tiemblan de valor;
un general niño le dice:
Papá Valery Larbaud,

cuando vayamos por la nieve,
10   cuando vayamos por el sol,
no se nos pierda tu mirada,
papá Valery Larbaud.

Cuando vayamos por la gloria
y el laurel se despierte en flor,
15   estará con sus soldaditos
papá Valery Larbaud.

Ya no nos vamos a la China,
ya no nos vamos al Japón,
los soldados de plomo lloran,
20   papá Valery Larbaud.

Quiere cortar el desaliento,
la arenga en verso le brotó.
¡Ay, que peligra tu cabeza,
papá Valery Larbaud!

25   Que el general niño subleva
toda tu linda guarnición,
y ya con sueño te fusilan,
papá Valery Larbaud.

M, n.º X, pág. 13.

Es esta la única ocasión en que Alejandro trata el tema militar. Pero ello no resulta extraño ni desmiente su ideología y modo de ser porque, tras la apariencia de marcha triunfalista y guerrera de los versos —de los primeros especialmente—, no existe la menor sombra de belicismo. La aclaración del título advierte que se trata de una canción. Y, en efecto, es un himno escrito en honor del poeta francés Valery Larbaud.

Alejandro lo imagina como un bravo general revistando sus tropas antes de partir para el combate en China y Japón. Sabemos que el espíritu aventurero de Larbaud, su interés por conocer nuevas tierras, lo convirtió en viajero incansable por toda Europa, incluida España, a la que conocía desde los quince años. El segundo dato a tener en cuenta es que, a pesar suyo, la salud no le permitió participar en la guerra con tanta dedicación como deseó. Considerando la admiración de Alejandro por el poeta filohispano, de las anteriores razones se deduce que el poema pretende ser una compensación de sus aspiraciones no realizadas en el campo de batalla, al tiempo que un canto a su espíritu inquieto y valeroso en la vida.

Que todo es irreal lo confirman el argumento y la técnica narrativa del poema. Contenido y expresión parecen producto de una imaginación infantil. De ahí el candor y la amabilidad en la forma de tratar el tema como un juego. Eso es precisamente lo que «papá Valery Larbaud» y sus «soldados de plomo» hacen: jugar a la guerra.

Hay dos partes bien definidas emocionales en el poema: hasta la unidad cuarta los soldados se muestran decididos a la lucha, «tiemblan de valor» animados por la presencia de su jefe, en quien confían. Y un «general niño» le promete fidelidad en la dificultad y en la gloria al tiempo que solicita la protección de su mirada. Pero en el último momento un sentimiento de profundo temor se apodera de ellos y su cobardía se hace llanto. Es entonces cuando Alejandro se hace presente en el poema para demostrar el afecto hacia el poeta francés. Su voz le anuncia el grave riesgo que le amenaza: «¡Ay, que peligra tu cabeza, / papá Valery Larbaud!». En efecto, el general niño promueve la deserción y Larbaud muere valientemente cumpliendo su deber. El contraste entre su actitud y la de sus soldados queda bien patente en el verso-estribillo. El hecho de que le llamen «papá» es prueba a un tiempo de fe ciega y debilidad. Lo mismo indica el pronombre con valor enfático —dativo ético— en el verso 6: «cómo *le* tiembla», y en el verso 11: «no se *nos* pierda tu mirada».

Pero no olvidemos que estos soldados desertores son de plomo y están al mando de un general niño. Sólo la figura de Larbaud permanece inmutable, y en ningún momento dentro de la ficción poemática aparece como un ser irreal.

A nivel de expresión es necesario insistir —ya lo anuncié al comienzo— en que lo más destacable del poema es la delicadeza que emana de los elementos léxicos y de la sencillez de los recursos sintácticos. Es aquí donde tiene su base la afirmación de que el narrador podría ser un niño. La descripción de los personajes, su presentación, la postura que adoptan en tal encrucijada, denota la ingenuidad, la sinceridad y el entusiasmo partidista del espíritu infantil que relata los acontecimientos. Y este niño poeta, no lo olvidemos, era Alejandro Collantes.

Señalo finalmente la evidente reminiscencia modernista del poema. Es en el ritmo donde mejor queda de manifiesto. Pero este ritmo es una consecuencia lógica de acuerdo con el contenido temático. El estribillo, la aliteración léxica y sintáctica en los dos primeros versos de las unidades alternas 1, 3 y 5 —y 2 con leve variante—, la ordenación reiterativa del curso narrativo, son un recurso rítmico más que se suma a la rima y a la división en estrofas.

Todo ello en función de un aire de marcha militar que, en último término, es lo que el poeta quiso escribir.

A UN PINTOR

En la cerca del sumo privilegio
has nivelado, dulce, de la lisa
comunidad de tintas, el colegio
que manda el ojo y el pincel alisa.

5   *Rector en tu parroquia, por la misa*
del septimino de la luz, arpegio,
casaste mudo son y varia risa,
floricultor de tanto florilegio.

El espacio que cuadra tu manera,
10   *o el solar presupuesto que convienes,*
tus inquilinos gustos atempera.

Y el equipaje neto que disputas
a la materia, vuela por tus trenes
al intercambio de las siete rutas.

M, n.° X, pág. 13.

Este soneto lleva en *A* la dedicatoria «A Pablo Sebastián». El poeta define en él el quehacer pictórico de su cuñado.

La leve introducción narrativa de la primera estrofa da paso en seguida a la descripción en forma metafórica del estilo, el gusto y el sabio manejo de los instrumentos de trabajo, virtudes que dieron fama al pintor.

Destaca en el poema, a nivel léxico, el uso de cultismos, en honor al relieve y gloria de la figura elogiada. Y sintácticamente, la ruptura de la linealidad de la secuencia oracional por el empleo constante del hipérbaton, al que atribuyo la misma función expresiva. Todo ello presta al soneto un tono solemne y clásico.

PORMENORES Y ALEGRIAS

Errata

*(A Kffirrrrwll en el subcons-
ciente de las linotipias)*

*Ya se abrió el secreto
sin saberlo nadie,
ni yo,
ni tú, amante.*

5   *Vencido el resorte
de tanto callarse,
yo nada, nadie,
tú nada, amante.*

Fundióse la luz,
10   *se vertía el aire,
de día y con sol,
techos adelante.*

*Ni yo, nadie,
ni tú, amante;*
15   *se quebró el secreto
sin mano de carne.*

M, n.º XIII, pág. 1.

El extraño título, tan carente de resonancia poética, encierra la clave para la interpretación del poema, que es un grito de denuncia lanzado desde el subconsciente. Denuncia de la soledad, de la incomunicación más absoluta, de la vida maquinal en la que el amor no existe. El poeta no sabe razonar el por qué de este sentimiento: «Ya se abrió el secreto», «se quebró el secreto» «sin saberlo nadie». Tal vez su grito obedezca a un impulso súbito: «vencido el resorte de tanto callarse». Pero la expresión es torpe, confusa, imprecisa. La palabra es apenas un balbuceo, una alusión lejana de la idea.

Esta incapacidad para intentar el análisis de la situación anímica lleva el alma desde una postura de incomprensión hacia un derrotismo nihilista. La negación se repite con insistencia: «ni yo», «ni tú», «nadie». Y las más rotundas en los versos 7 y 8, al descubrir el gran vacío de sí mismo y de la persona a quien creía amar, que aquí podría representar al interlocutor universal, genérico. El yo del poeta y el tú del interlocutor con quien se intenta la comunicación más íntima vienen a identificarse con algo sin valor. La dureza del indefinido «nada» aplicado a personas acentúa aún más el convencimiento de una radical impotencia. Saberse inexistente es ahogar la posibilidad de escape. Así concluye el poema, después de haber dejado entrever en la tercera unidad un mundo antitético de la realidad circunstancial, descrito suficientemente por palabras como «luz», «aire», «día», «sol».

Según dije al comienzo, la intencionalidad del poema, su contenido, están —valga la paradoja— insinuados con claridad en el título y la dedicatoria. Sorprende su falta de lógica y, ante todo, repelen por la dificultad de su lectura. Pero en la insólita conexión de palabras tan frías como «subconsciente», «linotipias», pertenecientes a mundos tan extrañamente relacionables; en esa cadena de fonemas inarticulables que componen el nombre de la persona a quien van dedicados los versos, está la clave de su mensaje. El poeta nos ha transportado por evocación sinestésica al mecánico ámbito de la imprenta con el ruido estridente de las máquinas funcionando. En ambiente tan confuso el diálogo no es posible. Palabras breves, reiteración de términos claves, monosilábicos o bisilábicos, formas verbales imprescindibles para exponer la idea, esticomitia y concisión, son recursos expresivos de la frustración emocional que intenta comunicar el poema.

TOCADO (...BAILADO Y CALLADO)

A la llama de tu luz
híncale dos ojos nuevos;
mi nombre no te lo digo,
laguna de azogue fresco.

5   *Rifando cejas, pestañas,*
digo, de sol o de pelo,
sol de la calle del sol
y luna del azulejo.

Dame ver tus ojos, llama
10   *de mi luz, tus ojos llenos,*
en la cuneta del aire
abierto por tu cabello.

Que no serás y serás
tú, sirena de tu espejo,
15   *ahogada de presumida*
en el color del invierno.

M, n.º XIII, pág. 1.

La fuente de inspiración de estos versos fueron unos ojos y a ellos van dedicados como requiebro. En torno a estos ojos negros, luminosos, vivos, se establece un juego de palabras que acercan la expresión poética al trabalenguas de las canciones infantiles. El poeta los describe en forma metafórica a través de una serie de atributos que constituyen al mismo tiempo galanterías.

La luminosa profundidad de estos ojos de azabache los convierte en imagen y expresión de la belleza de la mujer andaluza. De tal forma es así, que otras cualidades que podrían caracterizarla quedan apenas aludidas.

La dueña de estos ojos es una mujer consciente de su hermosura —«tú, sirena de tu espejo / ahogada de presumida»—, y la luce airosa, con orgullo —«rifando cejas, pestañas»—. Se sabe admirada, y, celosa de su tesoro, lo guarda, juguetona, de cuantos la pretenden, incluido el poeta, que en vano le suplica una mirada.

LA TARDE

(A la belleza de este título
y a su novedad)

Suelta, mayor y sincera,
la tarde supuso un tono.

Los arrabales
la llaman con sus aleros.

5 *Los pajaritos la llevan*
y los repiques la traen.

El dulce duerme,
la flor espera
y relojillos la parten.

M, n.º XIII, pág. 1.

El poeta evoca un atardecer. Con el núcleo verbal «supuso» nos traslada a aquel presente y desde él describe en ocho versos, ocho pinceladas breves, impresionistas, vagas, la huida suave y dulce de la tarde hacia los arrabales de la ciudad en volandas de pájaros, dejando tras de sí la esperanza de un nuevo día.

Todo tiene vida propia en esta descripción. La tarde es sujeto paciente en esta personificación de la naturaleza; mecida por los pájaros y las campanas que la llevan y la traen con sus vuelos, esperada por la flor, quebrada al fin su existencia por el tiempo inflexible que miden los «relojillos» vegetales en su continuo girar siguiendo al sol, la tarde desaparece serena, apaciblemente.

FUGA

(Hecho a mi cronista de viaje)

> *Resbala calle a mis pies,*
> *buscando de dónde vengo*
> *yéndote a de-donde-vengo.*
>
> *Venid, hilos de ventana,*
> 5 *letras y luces, andando,*
> *pasadme, pasadme, andando.*
>
> *Pero tú, fin, que me esperes*
> *para nunca a mí venir;*
> *fin: sélo tú sin venir.*

M, n.º XIII, pág. 1.

El título y la dedicatoria, íntimamente relacionados, insinúan el contenido poemático. El poeta viaja. No sabemos hacia dónde ni cómo. En tren, en coche... Se deduce que es un medio veloz. Y en este avance rápido, apenas ve las cosas acercársele, cuando ya se alejan en sentido contrario hacia el punto desde donde él partió.

La circunstancia es propicia para meditar acerca de la fugacidad de la vida en la inminencia más o menos lejana de una muerte segura. El poeta acepta su existencia, pero no quiere cruzarse con ella en el camino, como con las demás cosas. Quiere viajar hacia ella tranquilo, sin sobresaltos ni prisas.

En este sentido, el poema está concebido como un mandato-súplica, según puede deducirse de la construcción morfosintáctica, cuyo elemento clave es el verbo. Dos imperativos, «resbala» y «venid», abren las dos primeras unidades. En la tercera aparece la forma de subjuntivo «esperes». El poeta la ha preferido para dirigir su ruego a la muerte; al tratar con lo sobrenatural ha creído conveniente expresarse de manera más indirecta y elegante.

La idea de movimiento se repite en cada verso mediante una forma verbal. Resbalar, venir, andar, pasar, aparecen en cada unidad métrica conjugados en tiempo presente o en formas atemporales —gerundio, imperativo, infinitivo— actualizadas por el contexto también en época presente. «Vengo», «andando» y «venir» son los tres elementos de rima del poema. Tal vez sea en el verso 3 donde mejor se resume esta idea de movimiento constante de ida y vuelta. La antítesis establecida entre el núcleo verbal y su complemento de dirección «de-don-de-vengo», extraño adverbio formado por yuxtaposición, significa, en último término, la inseguridad, la inquietud que el raudo pasar del tiempo irreversible provoca en el ánimo del poeta.

CANCIÓN PARA LEER

(Dedicada a las consonantes
de mi niñez: OR, I e IA)

Si no pasas con la flor,
María de la María,
ni pasas con el amor,
ni vienes conmigo a día,
5 *te diré: maría,*
como digo: flor.

Pero si paras tu amor
te diré María a ti
y a la flor, Flor, así:
10 *Flor.*

M, n.º XIII, pág. 2.

El motivo temático, muy leve, lo anuncian el título y la dedicatoria. El poema es tan sólo un pretexto para ejercitar el juego de rimas *or, i, ia*, resonancias agradables para el poeta de sus lecturas infantiles. Esta reiteración de sonidos en sencillos y comunes vocablos con exclusiva intención eufónica, le confieren el sabor de las composiciones infantiles, graciosas por su falta de lógica. Y la alternancia de los sustantivos «Flor», «María», «Amor», lo aproximan al trabalenguas.

Pero existe además un juego de carácter tipográfico que sirve de base al contenido. El poeta promete que sólo dirá a la niña «*M*aria» y a la flor «*F*lor», en caso de que ella le quiera. De lo contrario la llamará «*m*aría», y a la flor, «*f*lor». La entrega del amor condiciona de este modo el uso de la letra inicial mayúscula como premio.

En función de estas travesuras tipográficas y fonéticas se justifica el poema.

NANA MAYOR

(A Arturo Gazul, en
Cataluña con una niña)

¡Más fino el viento!

   Consulado de esperanza,
en el balcón la bandera,
  niña,
5 *tan verde, de la persiana.*

   Si la tirara el otoño
ya no sería tan clara
la luz del viento,
  niña,
10 *cuando te busca en tu cama.*

   Y no serían tan finos
los olores que te pasan
de la vela al sueño,
a tu verde patria,
15 *niña,*
el Sueño, en tu consulado,
bandera de la persiana.

M, n.º XIII, pág. 2.

En estos versos el poeta canta a la hija de un amigo mientras duerme protegida de la luz por la persiana. Los rayos de sol que penetran con delicadeza a través de sus rendijas bañan apenas la habitación de una tonalidad verde. Y este color simbólico convierte la habitación en un «consulado de esperanza», en una «verde patria» cuya bandera es necesariamente la persiana.

La escena está descrita en forma indirecta, mediante el establecimiento de una condición: todo sería diferente si el viento de otoño hubiese arrancado la hoja verde de la persiana. Y aquí está el elemento más importante del poema: el viento invocado en el verso de entrada. Su aleteo —de ritmo predominantemente dactílico— mece la secuencia melódica con movimiento suave, continuo, acompasado, propio de canción para acunar. Es apenas un fino susurro que arrulla el sueño de la niña y perfuma la estancia.

Variantes:

Sólo hay una en el verso 6: *P* (pág. 107) pone «cayera» en vez de «tirara». El funcionamiento sintáctico de caer como verbo transitivo, frecuente en algunas hablas regionales, es consecuencia de su funcionamiento semántico en contextos como este (1).

UN VERDON. (ESCALERA ESCRITA CON UNA PLUMA DE JILGUERO)

> *Botado*
> *en el naranjo*
> *del mejor liño*
> *y el verdor más fino,*
> 5 *navega*
> *en ventolera,*
> *con fácil viento,*
> *al muelle del granero.*

M, n.º XIII, pág. 2.

Descripción del vuelo de un verdón en términos metafóricos de navegación marítima. El verdor del naranjo representa el mar donde es «botado» este barco-ave, y el granero al que arriba es el muelle. El aleteo lento y ágil del ave surcando las aguas del cielo se percibe leve a través de la aliteración de sonidos labiales fricativos en los vocablos: «fino,» «navega», «ventolera», «fácil», «viento», vocablos que dibujan en nues-

tra retina la menuda figura del pajarillo suspendida en el viento favorable, como quieta, en su vuelo seguro y recto.

Sintácticamente el poema se reduce a una oración simple
predicativa. Los cuatro primeros versos forman un sintagma nominal en función de atributo del sujeto. Aunque éste no está
expreso, las marcas morfemáticas del núcleo atributivo «botado»
y del verbo inciden sobre el sustantivo del título. Los restantes
versos contienen el predicado.

UTRERA. (PARA COPIAR SOBRE LA CAL DE LAS CANTINAS ANDALUZAS)

> *La torre*
> *punza el aire*
> *y el aire*
> *del ave,*
> 5 *al aire pierde*
> *el cabo de su vuelo.*
>
> *Ya las teclas, dedales*
> *de sus manos,*
> *—Amalia, Valme,*
> 10 *Carmen; nombres*
> *calientes—, muertas.*
>
> *Yo en la calle,*
> *puesto por Dios,*
> *y la torre*
> 15 *en el aire.*

M, n.° XIII, pág. 2.

En el pueblo sevillano, cuyo nombre da título al poema, contempla el poeta la figura de una torre que hiende el aire, mientras llegan a sus oídos las notas que tres muchachas arrancan a un piano.

En la unidad primera dibuja la torre con su remate agudo apuntando al cielo. Los trazos del dibujo son breves, apenas señalados, desiguales, como el revolotear del ave en torno a ella. Los sonidos fricativos bilabiales de los vocablos «aves» y «vuelo» transcriben este revoloteo en el aire, término que se repite tres veces en esta unidad.

Más cerca del autor, sobre la tierra, la escena íntima y agradable de María, Valme y Carmen —tres muchachas cuyos nombres las definen— coloreando con su alegría las teclas negras, «muertas» de un piano; «dedales de sus manos», aclara el poeta, aludiendo a la habilidad de las jóvenes para la costura. El ritmo de los versos, trocaico, reproduce tal vez el ritmo animoso y rápido de la melodía que tocan.

En la unidad de cierre aparece el propio autor estableciendo el contraste entre su situación y la de la torre. Recuerda esas fotografías en las que el elemento humano sirve de referencia para calcular el tamaño del monumento junto al que posa.

Variantes:

Hay una en el verso 2: *P* (pág. 153) dice «pasa» en vez de «punza». Esta segunda solución me parece más acertada de acuerdo con la imagen de la torre que en el poema se perfila. En este contexto punzar es verbo más adecuado que pasar; su contenido semántico tiene un valor sinestésico pictórico: traza el remate alargado y cortante de esa torre esbelta que rasga el aire como todas las torres de los pueblos sevillanos, hermanas menores de la Giralda.

Cante del Purgatorio

(A cualquier menor a J. S.)

Tengo clavada
una hoja de limón
en mi recuerdo.

Tengo abierta
5 sobre los ojos
una lima y estoy ciego.

Y ya no podré la seda
gustar, la seda,
niña, la seda de tu cuerpo;
10 que una naranja agria
sangrando, siempre sangrando,
sobre la mano llevo.

M, n.º XIII, pág. 2.

El poema es una aguda queja de dolor por un amor frustrado que tiene para el enamorado una grave consecuencia: la imposibilidad de poseer a la mujer amada. Todo el dolor se concentra de golpe en la fuerza plástica de esta primera imagen: la hoja de limón como un afilado cuchillo hendiendo el corazón y penetrándolo de ácida amargura. La intensidad del sufrimiento es tal que traspasa la frontera de resistencia de esta alma apasionada hasta dejarla insensible; insensibilidad que significa la ceguera en la segunda unidad.

Y de la herida abierta por el cuchillo de la tristeza y la insatisfacción va a manar sangre; sangre no salada, sino agria, como el jugo que la naranja destila sobre la mano del poeta. Esta naranja sangrando representa al corazón enamorado y sin sosiego. Naranja y limón son en este contexto símbolos cargados de expresividad que traducen diferentes sensaciones dentro de la línea sentimental del poema. Para Alejandro el color amarillo indica tristeza, ansiedad insatisfecha en el plano de las relaciones hombre-mujer. La naranja es agria y sangrante, dos adjetivos que expresan cualidades en grado máximo dentro de la escala de sabor y color aplicable a esta fruta. Cabría establecer el siguiente paralelismo simbólico:

fruta	color	sabor	sensación	imagen
hoja de limón:	amarillo	ácido	amargura	cuchillo
naranja:	rojo sangrante	agrio	dolor	herida abierta.

No sé qué pena comparable a las del Purgatorio arrancó tan triste canto al poeta. Lleva el número nueve —último— de la serie *Pormenores y Alegrías*. Dentro de la variedad temática de estos poemas, el primero y el último tratan del amor imposible, pero sentido y analizado desde puntos de vista muy diferentes. La frustración confesada en *Errata* era consecuencia de la incapacidad para establecer comunicación de sentimientos a causa de un determinismo ambiental, y planteaba un problema genérico: el del vacío del hombre actual inmerso en la inconsciencia de su mundo interior mecanizado. El poema 9 es, sin embargo, de carácter exclusivamente personal, lírico. Recoge una circunstancia amorosa desafortunada de la vida del poeta. Podemos suponer una de las ya comentadas reparaciones de María Teresa que le hacían dudar de su cariño. En tal caso esta ausencia hubo de ser muy dolorosa, porque el enamorado se expresa como quien ha perdido toda esperanza. Téngase en cuenta que, aunque el poema se publicó en 1928 y entonces ya estaban comprometidos, la fecha de composición pudo ser anterior.

Bajo las iniciales «J. S.» de la dedicatoria puede esconderse el nombre de Juan Sierra. Interpreto que el poeta necesitó desahogarse contando su pena a cualquiera, pero no al amigo, **para evitarle sufrir.**

CANTO A SEVILLA (fragmentos)

VINO

¿Dónde estaba la luz que disparó el espejo
de la blanca pared sin tacha?
Aquellos ojos nuestros,
aquella mano donde el anhelo extrema sus espinos.

5   *Se oye subir la savia del naranjo*
en el amanecer de las tabernas;
con la canción le saltan los caliches
a la alta torre.
Al paso que conmueve las esquinas,
10   *al dulce que madura en el chinero*
sus cristales de azúcar,
al corredor sin puertas de la casa,
al alambre sin ropa, junto al cielo,
hay que clavar por pena una palabra.

15   *He aprendido a nombrar las cosas que me sirven*
sin que aparezca el verso,
sin que aumente mi voz un solo hilo.

La sangre no abandona su tarea,
el gas surte su luz contra el lucero,
20   *pesa la oscuridad en los confines últimos,*
pisa los arrabales su avanzada,
le pone sitio a la ciudad alegre.
Y nosotros vivimos porque sabemos esto:

Hay el vino escondido en los cristales ínfimos,
25   *por él cambia la suerte,*
habla lo que no sabe
el labio que le fía sus sedes heredadas;

un espejo redondo nace
puesto así en los toneles del patio al aire libre
30 *cuando la lluvia suena.*

Elevemos entonces el corazón sin miedo,
perdonemos la luz al arco que persiste
y a la nube su fácil contorno de Pintura.

M, n.º XV.

Este primer fragmento del *Canto a Sevilla* tiene carácter
anacreóntico. El poeta contempla la ciudad en la quietud del
amanecer cuando la luz perfila la esbeltez de la Giralda en el
aire, cuando viste su traje blanco de cal adornado de naranjas
que el azahar perfuma. Sevilla vuelve a ser ella misma y el
corazón del poeta se alegra al reconocer los contornos de las
calles, de las casas, de los enseres queridos, que van aparecien-
do en el paisaje cotidiano a medida que las sombras huyen. Su
emoción se hace canto entonces; canto de agradecimiento por
la luz que da la vida, como la da el vino que alienta esperanza
de cada nuevo amanecer.

El verso, leve línea pictórica, avanza lento y callado. El
poeta teme quebrar el hechizo de este momento único y su voz
es un aliento apenas: «He aprendido a nombrar las cosas que
me sirven / sin que aparezca el verso,/ sin que aumente mi
voz un solo hilo». La abundancia de verbos en presente, la frecuencia de oraciones enunciativas, la esticomitia, dan al conjunto el estatismo que le conviene.

HINIESTA

Abril 1932

Un resplandor sin miedos le anegaba,
las manos, de lo que no se besa,
de lo que no se puede pintar, decir, cantar,
manos para no tener nada,
5 *lujo de dedos*
al cerco del anillo ni siquiera,
vaciadas en materia no hecha todavía.
Un resplandor sin miedos nos la quitó.

Siguió la luz del Sol,
10 *siguió el agua en el río,*
la cal en la pared y la abeja en el aire
y el sueño bien hundido en su blandura.

A los ojos encaramado el fuego
la lágrima hizo lágrima.
15 *La polilla en su telar profundo*
despreciando la vida soltó su presa fácil
y se sumió en la llama.
El óleo su vigilia mística
vio dormir sin motivo.
20 *¡El alba! Ya la viga en el suelo,*
la cripta resurrecta,
el grito compartido, el lamento
letras tristes, negras, grandes, en las manos.

Siguió la letra en la palabra,
25 *la flor en su equilibrio,*
el cristal en su aire
y Sevilla plantada donde siempre.

M, n.º XV.

Este poema hace referencia al incendio que destruyó la imagen de la Virgen de la Hiniesta cuando en abril de 1932 ardió la iglesia sevillana de San Julián, donde se veneraba.

La narración de los hechos está contenida en las unidades primera y tercera. Pero sobre el hilo narrativo prevalece la descripción: el sintagma nominal sobre el verbal, coincidiendo con la medida del verso.

Comienza el poeta tratando de pintar las manos de la Virgen, pero no encuentra palabras adecuadas. La dificultad para explicar la delicadeza de estas manos permite a la imaginación completar el boceto de torpes pero sugerentes pinceladas. Tal sería la emoción y amargura sentida por el poeta al contemplarlas, que son ellas el motivo principal del poema.

La secuencia sintáctica refleja el desarrollo rápido e irreversible de los acontecimientos. De breves oraciones, los versos se van reduciendo a sintagmas nominales, simples enumeraciones de palabras separadas por comas en la unidad tercera, cuando el fuego destructor avanza más implacable aún. Al amanecer todo está consumado. Sólo existe el caos de cenizas, lamentos y escombros. Bastan, y son sobremanera expresivos de un estado de conmoción y dolor, esos breves trazos en los que el poeta condensa el panorama desolador y caótico que le rodea.

Mientras, ajena a la tragedia, la ciudad permanece imperturbable; la vida sigue su curso; la gente duerme insensible a las llamas que visten de luto el alba. Este silencio del reposo puebla el dolor de soledad. El poeta la siente intensamente, y para establecer el contraste entre la realidad que presencia y vive, entre su estado anímico y el mundo exterior sumido en el profundo sueño de la noche y la ignorancia, alterna las referencias a éste con el relato del suceso. La alternancia temática en estrofas diferentes pone de relieve el alejamiento entre ambos mundos. La postura realista del narrador, consciente de que el fuego nunca podrá quebrar el sueño, queda patente en la expresión seca, escueta, equilibrada, al constatar esta separación. Lo dramático del contenido está paliado por la delicadeza y sencillez de los recursos expresivos, por las acertadas metáforas que resumen los momentos más álgidos.

VENDAVAL

¿Qué vientos citas? ¡Qué milagro piden
tan en punto tus planos! Primavera
con fáciles telones de naranjos
y cadenas de inciensos vegetales,
5   o anclas de olor, malogra tu crucero.
Mayo y abril de vidrios, de tesoros,
inverosímil luz de historia, sangre
paciente de los lienzos en penumbra.

¿Con tu pasaje de arzobispos muertos,
10   vas a zarpar, oh Catedral, navío?
Y los palomos blancos de Sevilla
han de vivir el riesgo de no verte,
y los dulces panderos de la tarde
suicidas cortarán por las barandas
15   manos de niño, en el color del viento.

Giraldillo torero, burla, firme,
inmóviles los pies, preciso, alegre,
esta racha que ya ni las palmeras
pueden herir de muerte, Giraldillo.

M, n.º XV.

Un fuerte viento azota la ciudad. Hasta la catedral se conmueve. El poeta la ve como un gigantesco y recio navío a punto de zarpar. Pero la primavera obrará el milagro de mantenerla en su sitio. No es concebible que este navío histórico, con su bagaje de tesoros, con la alegría de Sevilla penetrando por sus vidrieras, abandone sus cimientos. Las palomas seguirán refugiándose en sus muros porque la primavera sevillana es más fuerte que el huracán, porque el color de los naranjos es demasiado atractivo, y porque la fragancia de las flores, embriagadoras «cadenas de inciensos vegetales», la mantendrán anclada.

La gracia hechicera y arrolladora de la ciudad bulle en el poema y se hace presente a través de imágenes toreras, desde el primer verso: «¿Qué vientos citas?» —interroga el poeta a la catedral, mientras la observa, torpe y maciza, pretendiendo afrontar la embestida del furioso toro aéreo. Sabe que sólo un cuerpo esbelto y ágil podrá dominar a la fiera. Y por eso pide al Giraldillo, gallardo remate de la torre mora, que cite y burle, valiente, a esa «racha que ya ni las palmeras / pueden herir de muerte»: el viento ha doblado los agudos estoques de sus hojas.

Sevilla vencerá al fin por la gracia, por la filigrana de un cuerpo de torerillo que, desde el aire, los pies firmes hincados en el mástil central del navío, ya convertido en ruedo, doblegará al toro de embestida implacable.

Sin duda es ésta la metáfora más hermosa y elegante de cuantos aparecen en el poema, todo él alegoría colorista al gusto lorquiano de una ciudad que compite con el viento, esparciendo en sus ráfagas aromas de brotes recientes.

Resulta paradógica la incertidumbre de la hermosa mole de piedra, contrastando con la grácil seguridad de la minúscula figurilla. Y sin embargo, en ella confía el poeta. No es el tamaño de su cuerpo lo que la hace poderosa, sino su estampa artística y torera, firme y valiente. Es la gracia lo que hace posible el triunfo. No podía ocurrir de otro modo en el ambiente alegre y festivo del mes más hermoso y taurino de Sevilla.

Como he dejado entrever, el poema puede dividirse en dos partes. En la primera, que consta de dos unidades, el poeta se dirige a la catedral interrogándola. La segunda parte contiene la petición del autor al Giraldillo.

La secuencia sintáctica no es lineal. Por el contrario abunda el hipérbaton que, sin embargo, no da lugar a enlaces versales bruscos.

III. LA CORREDURIA DE SEVILLA

PRESENTACION

Poco tengo que añadir a lo dicho en la biografía con relación a este libro. He de hacer mención al *Recuerdo sentimental* en el que, a manera de prólogo, presenta Bruner el poema. Tiene gran valor documental por cuanto informa detalladamente, como hemos visto, de los proyectos y preparación de la edición, y ofrece abundantes datos circunstanciales de la vida del autor y de sus amistades de entonces. Hace especial referencia a los largos paseos nocturnos por Sevilla, vagabundos y aromados de versos, a los que, sin duda, este poema debe tanto.

La edición incluye un facsímil del original entregado por Alejandro a Bruner.

TEXTOS Y ESTUDIO

LA CORREDURIA DE SEVILLA

Correduría de los pasos largos
en busca del portal y la ventana;
barbecho de piropos y de amargos
epílogos del vino de Chiclana.

5   *Repique del estaño en los cristales,*
cuando llegan los rojos bebedores,
que tienden sus relatos sensuales
sobre las tapas de los mostradores.

Alegría de tarde veraniega
10   *que en las esquinas su cuartel levanta*
y a las macetas del balcón entrega
las malvas negras que la noche planta.

Del barrio familiar, el campamento,
sobre el gris de Tarifa se baraja;
15   *hora de pava, de oración, de cuento,*
en el regazo de una silla baja.

Una vieja refiere a los chavales,
—rabos de lagartija, ojos saltones—
con gracioso realismo de modales,
20   *una horrible matanza de ladrones.*

En el zaguán discuten, con las manos
por el aire, dos bravos palomeros,
de los vuelos sin tacha de los planos,
y de las plumas de los marcheneros.

25   *Oyendo a su galán, en el ocaso*
del cielo, Carmen, la mirada pierde...;
las vecinas comentan el mal paso
de Amparo la mocita, en la Cruz Verde.

¡Las estrellas!... Se olvida la penuria
30   *de la vida... ¡Un saludo sonriente!*
¡Que pasa el Capitán de la Centuria,
como un Emperador, entre su gente!

Alejandro describe esta Correduría de «los pasos largos», típico y concurrido pasaje sevillano que desemboca en la Alameda, en un animado atardecer veraniego. Es la hora en que los bebedores se encaminan a las tabernas, hora de amor y de rezo, hora de coloquio y comentarios en las tertulias de vecindad. Una vieja entretiene a un grupo de pequeños con historias de miedo y fantasías. Al salir las primeras estrellas, el desfile de una institución sevillana —los centuriones o «armaos», que dan escolta a la imagen de la Virgen Macarena— completan este cuadro costumbrista de la Sevilla de aquel tiempo. Las varias estampas que lo componen son familiares y alegres como sus protagonistas en la realidad. Realidad que el poeta transcribe fielmente, con la naturalidad y sencillez que de ella misma mana.

A este fin, los recursos estilísticos son también sencillos. El verso fluye fácil, con escasos hipérbatos que obedecen a necesidades de rima. Cada estrofa constituye un enunciado que pictóricamente equivale a una estampa. El breve boceto paisajístico de fondo de la primera, se va ampliando en las siguientes a medida que hacen su aparición los diferentes personajes llenando de vida la calle.

Variantes:

En el verso 22 *P* (pág. 137) dice «brazos» en vez de «bravos». Del contexto se deduce que se trata de un error tipográfico.

IV. ROMANCILLO DE LA PUREZA

PRESENTACION

Este romancillo recibió por unanimidad el premio «Sánchez Bedoya» el 8 de diciembre de 1926. La Real Academia de Buenas Letras lo publicó en su boletín n.º 57, correspondiente a diciembre de ese año. Alejandro lo presentó al certamen bajo el lema «Sine labe». La cuantía del premio ascendía a quinientas pesetas. Para festejarlo, el lunes 13 del mismo mes la redacción de «Mediodía» ofreció al poeta un almuerzo homenaje en la venta de Antequera.

TEXTOS Y ESTUDIO

ROMANCILLO DE LA PUREZA

Jardín de Nazaret:
el pie del jardinero
el cándido mantillo
fecundó con su peso.
5 *Jardín de Nazaret:*
tus hojas se volvieron

para mirar gozosas
el brotecillo nuevo
y danzaba una salve
10 *en la cuerda del viento:*
color y olor de flores
las flores de tu carne son del cielo.

Niñez iluminada
de oración y recreo,
15 *libertad de guedejas*
y santidad de juegos;
sobre el altar del valle
el vaso y el salterio,
el día una corona,
20 *los árboles un templo*
y la noche un perfume
para el jazmín del lecho.
Color y olor de flores
las flores de tu carne son del cielo.

25 *Sobre la verde palma*
blanco nimbo de vuelos,
el palomar en júbilo
de amores a lo lejos;
su corazón con llaves
30 *de castidad sujeto,*
la paloma, el nidal
deja tibio y compuesto.
Sobre la verde oliva
ha florecido un cetro.
35 *Color y olor de flores*
las flores de tu carne son del cielo.

Ara, candela, manos
que tallan el incienso,
estatua de perfumes,

40   *contornos de himeneo.*
Entre lluvia de rosas
aplómase el sustento
de un hogar sin penumbras
de rincón, y el deseo
45   *en la cruz de las manos*
crucificado y muerto.
Color y olor de flores
las flores de tu carne son del cielo.

     Ni lo bajó la nube,
50   *ni lo traía el viento,*
ni lo pintaba el alma,
ni lo pintaba el sueño,
vino porque Dios quiso,
de verdad, con su cuerpo
55   *de Arcángel y sus labios*
de amaneceres tiernos:
"Dios te salve María",
Cordera del Cordero.
Color y olor de flores
60   *las flores de tu carne son del cielo.*

     Que vino la simiente
sin mancha del granero,
lo cantaba la flor,
la flor que trajo dentro;
65   *lo cantaba la nueva*
semilla en claro verso:
mi sangre no es de sangre,
de tierra no es mi Reino,
y lo cantaba el vientre
70   *cuando nacía el Verbo.*
Color y olor de flores
las flores de tu carne son del cielo.

El Padre para el Hijo
quería un aposento;
75 *su ternura y poder*
hiciéronlo de nuevo;
se levantaba limpio
desde el umbral al techo,
sin rastro de posada,
80 *sin huella de viajero:*
la casa fue María
en campo nazareno.
Color y olor de flores
las flores de tu carne son del cielo.

85 *Las rosas de diciembre*
de olor mojado quiero,
que las de abril y mayo
dan calor al deseo;
la lluvia es de la gloria
90 *y de la tierra el fuego.*
Cada día una cuenta,
—¡diciembre: tres misterios
con un Ave-María!—
pasará por mis dedos
95 *y en llegando a la octava*
he de cambiar el rezo,
que para la Pureza
un romancillo tengo.
Color y olor de flores
100 *las flores de tu carne son del cielo.*

El romancillo historia a grandes rasgos la vida de la Virgen desde su nacimiento en Nazaret, dejándola suspendida en la esperanza del divino alumbramiento. En la devota narración ha interesado destacar sobre todo la candidez y dulzura de la joven madre de Dios.

La metáfora, hermosa y sencilla, confiere un aire angelical al carácter llano y popular de los versos.

Variantes:

Tomo como base de cotejo con *P* (pág. 175), la edición de la Real Academia (*R.A.*), a pesar de que no debe ser fiel al original del poeta, ya que éste ha hecho correcciones a mano en varios versos, algunas ininteligibles, y ha añadido la dedicatoria «A la Inmaculada de los altares de Sevilla».

Verso	3	las yemas de rocío	*R.A.*
		el cándido mantillo	*P*
	39	bendición y perfumes,	*R.A.*
		estatua de perfumes	*P*
	40	y pudores de himeneo.	*R.A.*
		contornos de himeneo.	*P*

Resumen:

Verso 3: el poeta va a comparar el nacimiento de la Virgen con el brote de un capullo. Dios sembró la semilla y la hizo fecundar en su jardín, y la flor fue pura como la tierra que la alimentó —«el cándido mantillo»—. En *R.A.* esta pureza se hace transparencia en la metáfora; Dios no fecunda la tierra, sino «las yemas del rocío». Y este milagro de la gota de agua convertida en flor preludia el misterio de la concepción de María, que la voz popular describe «como el cristal atravesado por el sol».

Verso 39: la unidad a que pertenece este verso describe el hogar de Jesús en Nazaret. *P* hace una referencia a la Virgen llamándola «estatua de perfumes».

Verso 40: la solución de *R.A.* a tan delicado tema está mucho más en la línea del poema que *P*.

V. POESIAS

PRESENTACION

En esta edición del Ayuntamiento sevillano, realizada en
1949, se recogen ciento setenta y cinco poesías ordenadas en
ocho partes. Según quedó dicho, diecinueve pertenecen al libro
Versos y trece fueron publicadas en «Mediodía». Contiene también *La Correduría de Sevilla* y el *Romancillo de la Pureza*.

Las poesías fueron ordenadas por Rodríguez Mateo siguiendo
cierto criterio temático. La edición va precedida de un prólogo
de Romero Murube en el que glosa la personalidad humana y
literaria de Alejandro y su papel decisivo en la formación del
grupo «Mediodía», y de una serie de artículos y poesías, homenaje de varios amigos entre los que se encuentran, además de
los del grupo, los nombres de Manuel Machado, Eduardo Mar-
quina, Gerardo Diego y J. M. Pemán. El retrato del autor y
las siete ilustraciones que hay en el libro son de Juan Miguel
Sánchez.

En cuanto a las versiones que de los poemas aparecidos en
ediciones anteriores se ofrecen en este libro, es necesario advertir que presentan numerosas variantes, de puntuación sobre
todo, pero también son frecuentes las de disposición de versos
y las de contenido. Desconozco la existencia de los manuscritos
originales que hubiera podido utilizar Rodríguez Mateo para

reunir esta antología, pero, teniendo en cuenta que Alejandro se encargó personalmente de la publicación de sus poemas en *Versos* y en «Mediodía», cabe la sospecha de que estas variantes sean debidas a descuidos en la preparación de la edición. De las demás poesías no conozco otra versión.

TEXTOS Y ESTUDIO

I. *SALIDA A LA MARISMA*

LETANIA DE LOS PALACIOS

Salido de madre el sol,
inundación de los ojos.

En cada teja una brasa,
en cada veleta un trono.

5   *Campo de vino y vapor,*
borracha la vista en tonto.

Batea de repujados
con chozas, trigos y toros.

Espejo de plenitud,
10   *sin salida ni contorno.*

Cadena de buen vivir,
custodia de puro gozo.

Embarcadero de luz
y pastizal de los ojos.

15   *Tapiz de sombra de torres*
y regazo de abandono.

Pan abierto de veredas
para descanso del oro.

Entraña del mediodía,
20   *candelaria sin contorno.*

Novia, marchita, del mar,
rubia de llanto y sollozo.

Marisma de Los Palacios,
del Guadalquivir decoro;

25   *que te guarden los murube,*
para gloria de mis ojos.

Pág. 55.

El romance —ya el título lo anuncia— es una letanía de hermosos apelativos metafóricos dedicados al pueblo sevillano de Los Palacios. A través de ellos el poeta va describiendo sus peculiaridades.

Hay algo que resalta en este paisaje sobre todo: la luz ardiente del sol; un sol que riega de oro la llanura en la que el pueblo reposa, buscando en vano sus casas refugios de frescor a la sombra de las torres. Todo permanece quieto y callado. Y todo tiene vida por la providencia de este inmenso sol desbordado que baja a descansar sobre la tierra de Los Palacios y hace crecer las cepas, los trigos y los pastos en los que el toro alimenta su bravura.

El agua, elemento también vital, está presente por necesidad en el paisaje sediento. La llanura se extiende despejada y tranquila como una alfombra amarillenta. Es la «novia, marchita, del mar, / rubia de llanto y sollozo» por la querencia y soledad del agua. Por eso, para consolarla, el poeta la piropea: «marisma de Los Palacios», «embarcadero de luz».

La mano del pintor ha dejado ver en su obra un sentimiento de profundo cariño y entusiasmo hacia el modelo. Cuna de su amigo Joaquín Romero Murube, es precisamente a los toros de la ganadería de este segundo apellido a quienes Alejandro confía la custodia de esta tierra sevillana.

II. *BARAJA DE AMOR*

COPLA DESPIERTA

La mañana madura:
del sueño, a tu mirada,
del silencio, a tu voz,
y el sol en la baranda
5 *entretenido en una*
ramilla cineraria.

Del silencio, a tu voz
madrugadora; mana
tu voz entre tus dientes
10 *como el rizo de un agua*
despeinada en el borde
de la pileta blanca.

Del silencio, a tu voz;
del sueño, a tu mirada;
15 *tu mirada que estrena*
cada día una llama.

Madura el azahar
sobre la noche agria
y ahora, hinchado su jugo,
20 *es cumplida naranja;*
la mañana madura
en un tallo del alba.

Pág. 61.

La primera mirada de la amada, sus primeras palabras, marcan el comienzo del día. Este es el motivo central del poema enunciado en los versos 1 a 3. Las unidades segunda y tercera lo glosan incorporando estos versos a la secuencia sintáctica, lo cual da lugar a la anáfora.

Paralelamente avanza la descripción de la llegada del día como marco paisajístico. En los tres últimos versos de la primera unidad el poeta la anunciaba sencillamente, envolviéndola en una atmósfera de intimidad y delicadeza cariñosa: «y el sol en la baranda / entretenido en una / ramilla cineraria». Es la cópula «y», a comienzo del verso 4, la que inicia el paralelismo. Mientras la mirada de ella, apenas despierta, se pierde contemplativa asomada al barandal, el sol, con aire tímido, se inclina juguetón sobre el día y posa su inmenso ojo cálido sobre las flores.

La presencia de la mujer ocupa las unidades centrales, y en la de cierre el poeta retorna a completar el marco paisajístico primaveral en el que sólo hay luz y flores. La mañana continúa madurando en los recientes brotes del naranjo o en el tallo nacido con el alba. Por este milagro silencioso de la naturaleza, ellos son el mejor testimonio de la realidad del nuevo día, la existencia palpable de la vida.

El verbo madurar, término clave que tan exactamente comunica la intención total del poema, colabora en forma principal a la creación del climax de sosiego y lentitud. Su contenido semántico preside el poema en forma expresa o latente, evocado por el lento discurrir de la secuencia sintáctica, indiferente en ocasiones a la medida del verso.

Tanto el léxico como la ordenación sintáctica lineal, confieren a la composición la claridad y transparencia de cristal de la mañana. Hay seis versos en forma personal y todos están en tiempo presente; la forma «madura» se repite tres veces. La quietud que deriva de estos recursos lingüísticos conviene al ritmo interior del contenido poético, marcado por la alegría del sentimiento amoroso correspondido.

Variantes:

Verso		
10	como el rizo de un agua	P
	¡Qué bien! Rizo de agua	B_2
11	despeinada en el borde	P
	Despeinada	B_2
16	cada día una llama.	P
	.... brasa.	B_2
17	Madura el azahar	P
	Capullo de	A y B_1
	Rezumo	B_2
18	sobre la noche agria	P
	contra	B_2
19	y ahora, hinchado su jugo,	P
	ahora	B_2
	ahora hinchados sus jugos	A y B_1

La variante más destacable se da en el verso 17: «madura» está más en consonancia con la intención del poema.

El número de variantes que ofrece B_2 hace pensar que es un texto cronológicamente anterior a los demás. La aparición de los signos exclamativos, por ejemplo, no concuerda con el sentimiento de sosiego requerido por el tema y la circunstancia temporal que da título a la composición.

CANCION MECIDA

A la bamba te quiero, por encima
del paraíso nuevo y la palmera,
por encima del copo de la lima.

A la bamba te mece mi manera
5 *de acariciar, poniéndote en la espalda*
las alas del amor y de la espera.

Al viento tuno le daré esmeraldas
de donpedro de noche y mandarino,
si no cose volantes en tu falda.

10 *En la comba caída, ciego tino,*
tu cabeza me sube hasta la frente
la embriaguez de su trenza, como un vino.

A la bamba la copla no se siente,
las horas en ti pesas, con tu vuelo
15 *y te adornan sudores de relente.*

Redimida del peso, por el cielo,
riegas de sol, cuando por él te asomas
a la tarde, la mata de tu pelo,
subida en tu balcón de las maromas.

Pág. 66.

El poeta evoca la visión de la amada columpiándose y el
verso nace como una canción entonada al compás del vaivén
del columpio. La secuencia melódica reproduce este ritmo mediante la repetición del esquema dáctilo + dáctilo + troqueo
que aparece en doce versos —las tres cuartas partes del total.
Las sílabas tónicas equivaldrían a los puntos de máximo alejamiento del columpio desde el punto de partida, y las átonas

indicarían el recorrido intermedio, descendente o ascendente. La intención comunicativa del poema queda así realzada por el valor sinestésico de los elementos formales.

A nivel semántico realizan esta función una serie de términos pertenecientes al mismo campo semántico: «bamba», «mece», «alas», «vientos», «volantes», «comba», «vuelo». Al poder evocador de la aliteración de unidades fónicas labiales contenidas en estos términos, hay que añadir la anáfora «a la bamba» con que dan comienzo tres de los tercetos, y que precisa el ritmo de la canción enunciada en el título.

¡AY, PANADERA!

A Rodrigo Lazo

¡Ay, panadera!,
la de los ojos esquivos,
¡ay, panadera!,
en tus ojos pensativos
5 *siempre es primavera.*

Y es luz clara la orilla
de tu cara. En su contorno
se quedó la luz que brilla
bailando dentro del horno.

10 *Eres dulce, pueblerina.*

Dentro de ti la blancura,
la suavidad de la harina;
pero tu alma no dio flor;
te falta la levadura,
15 *panadera, del amor.*

Pág. 73.

El poema, fechado en julio de 1925, intenta ser un piropo a una joven panadera de pueblo. Digo intenta porque hay una poderosa razón que impide al poeta convertir sus versos en un rendido sentimiento de admiración.

En el retrato físico-moral de la joven, tanto los rasgos físicos como las cualidades de orden espiritual son para el poeta reflejo o, mejor, consecuencia del medio ambiente en el que se mueve por su profesión. De ahí que no se establezca la comparación entre la «luz» de su cara y la luz del horno, o entre la «blancura» y «suavidad» de su piel y la harina, porque estas características son ya inherentes, definitorias. Hasta tal punto las realidades de su mundo cotidiano han dejado impronta en ella.

Anteriormente, en la primera unidad, el poeta había hablado de sus ojos «pensativos» y «esquivos» a un tiempo, espejos de un alma delicada y celosa de su intimidad. No es paradójico el hecho de que en los ojos de esta joven, «dulce» como el pan que amasa, «siempre es primavera». La alegría y la esperanza que irradia una mirada así son, al cabo, propias de su juventud y prueba de virtudes. Sin embargo, la ausencia de un adorno esencial desluce tanta hermosura. Tal vez por ello los ojos de la joven se muestran pensativos. Es que en su alma falta «la levadura del amor». Y esta es la razón de que el poema se inicie con una queja que encierra desilusión y tristeza porque la primavera, personificada en la muchacha, no ha florecido. Sólo el amor hubiera hecho el milagro.

III. *COLEGIO. RELOJ DE COLEGIALES*

LAS SIETE Y LAS OCHO

Por entre la noche
no se ven las horas,
se duermen los números,
las manos se borran.

5   *De un aguijonazo*
el minuterillo
las VII alborota
y a las VII y media,
el frío, la ropa
10 *fría, el agua y*
el recuerdo, toman
por el cuerpo triste,
por el alma sola.

Dios. Labor. Arriba,
15 *las VIII, con sol,*
la mañana borda.

Pág. 81.

Este poema es el segundo de una sire titulada *Colegio*,
en la que, a manera de resumida crónica por horas, el poeta
recoge recuerdos de la infancia. El primer poema de la serie
era *Colegio* («Mediodía», n.° VI, pág. 6, 1927).

Aquí el poeta describe el comienzo de la jornada, el despertar brusco al toque del reloj, la preparación para marchar
a clase. Es una descripción muy escueta, hecha con prisa,
fiel al transcurso de los hechos en la vida real.

El reloj es protagonista de este momento primero del día.
Su presencia se hace imprescindible: el «aguijonazo» de su

«minuterillo» anuncia el fin del descanso, el paso de las sombras a la luz, gráficamente marcado en el poema mediante la separación entre la primera y segunda unidad.

Por otra parte, la secuencia sintáctica responde en ambas a su contenido temático. La esticomitia perfecta en la primera, a pesar de la brevedad del metro, traduce la impresión de tranquilidad, de inconsciencia durante el sueño. De pronto, este ritmo se quiebra. El tiempo hace su aparición ruidosamente, y con él la prisa. Se encadenan raudas las intrascendentes y automáticas actividades de cada día, como las agujas enlazan unas horas con otras. En el plano de la expresión sintáctica la esticomitia ha dejado paso al encabalgamiento mediante el nexo «y», y el más brusco sustantivo-adjetivo («ropa-fría») entre los versos 5-6 de la segunda unidad. Si en la primera predominaba el sintagma verbal sobre el nominal (en proporción de tres a uno), como corresponde al verso de carácter narrativo, en la segunda sucede lo contrario.

Todavía es más pura la técnica impresionista de la unidad final, cuyo verso primero enuncia la idea central que trata de comunicar el conjunto con sólo tres sustantivos: «Dios. Labor. Arriba».

Cierra el poema el protagonista tiempo, ya convertido en «mañana» que borda al sol las ocho en el bastidor del reloj.

LAS NUEVE

> *Lección: «De la Primavera».*
> *Reclínase el corazón.*
> *Por las venas de madera*
> *de un espaldar, mi atención.*
> 5 *Hay un nudo en la madera*
> *y otro nudo en mi atención.*

> *Pregunta y castigo. Fuera*
> *estoy. Agüita primera,*
> *cielo, rama, Primavera,*
> 10   *pregúntame tu lección.*

Pág. 82.

La primera lección del día trataba de la primavera. La sola enunciación del título opera en la sutil sensibilidad de nuestro joven poeta un misterioso poder de captación que le abstrae de la realidad. El arrobamiento se evidencia en una expresión de abandono e indiferencia ante la realidad. «Nudo» es la imagen que más exactamente significa la atención absorta en sus propios pensamientos, identificados en cierta forma con la naturaleza.

La voz del maestro le devuelve de golpe a la realidad de la clase. El verso manifiesta esta brusquedad cambiando de ritmo. Si, de acuerdo con el contenido, la secuencia melódica en las primeras unidades era pausada, narrativa, y los encabalgamientos suaves, en esta última refleja la rapidez de los acontecimientos y es muy dinámica.

El alumno, como es lógico, no ha sabido responder a la pregunta del maestro y recibe el castigo: la expulsión de clase. El poeta lo cuenta en forma esquemática, impresionista, y vuelve en seguida al mundo de sus pensamientos que describe también brevemente, con tres sustantivos de gran poder evocador. Parece como si quisiera justificar con ello la distracción que le ha valido el castigo. Su corazón enamorado sólo escucha la voz de la naturaleza por la que se siente comprendido, y no ha podido resitir la atracción de la primavera que le envía su mensaje a través del «agüita primera», el «cielo» y la «rama».

LAS DIEZ

Castigado y todo
soñaré contigo,
con tu borde rosa,
con tu blanquecino
5   lienzo, con tu verde
capa, con tu brillo,
tapia del colegio,
soñaré contigo.

Mirando mis piernas,
10   vacías de brío,
para darte altura,
con fervor marino,
quisiera tener,
como yedra, picos
15   de oro y subirte
pasito a pasito
y mirar entero
el balcón que miro
y mirar entera
20   su cara y hechizo.

Si en la calle pasa
junto de mí mismo,
como no la veo,
no sé que la he visto.

25   Tapia del colegio:
soñaré contigo,
castigado y todo,
por soñar con ella,
soñaré contigo.

Pág. 83.

Ahora, desde su lugar de castigo por no haber sabido la lección, el poeta-niño sueña con su amada de la que le separa la tapia del colegio. Por eso esta tapia es sentida como una esperanza de libertad. Alcanzarla es su anhelo.

En la primera unidad la describe con alegría, con ilusión. Es una pared hermosa, un «blanquecino lienzo» con «capa verde»... Encaramado en ella podría ver la calle por la que tal vez su amada esté pasando, pero su corazón enamorado siente la terrible atadura del cuerpo —«mis piernas vacías de brío»— que quisiera ver convertido en yedra. El deseo es más fuerte que la realidad y por eso el poema apenas denota tristeza. Por el contrario, el poeta-niño prefiere entregarse a soñar, y sus sueños le compensan con mucho. Con la imaginación vuela libre hacia la persona que ama y ve la realidad color de rosa, como la desea.

El ávido vuelo de su fantasía encadena un deseo tras otro, y apenas se piensa yedra cuando ya alcanza a ver el rostro de su amada. De ahí que el curso sintáctico, lineal, en la segunda unidad esté construido sobre la copulación oracional mediante el nexo «y». En la primera, descriptiva, emplea la yuxtaposición de sintagmas nominales, que constituyen extensiones del núcleo verbal.

LAS ONCE

Ni me duelen cautiverios,
ni aquí me da pena estar;
enfrente la portería
por el corredor mi gozo
5   *corriendo, se goza más.*

Mirando estaba la puerta
blanca, de fino cristal,
franco paso de mis ojos,
por donde miro y remiro
10 *lo que más gusto me da.*

Una dama, con mi dama,
viene por un colegial,
y si el colegial se tarda,
mi castigo se hace gozo
15 *de amor, con amor soñar.*

Por el corredor mi gozo
sin gozo se tornará;
ni la niña, ni la dama,
que ni en la clase, ni en misa
20 *he visto a su colegial.*

Pág. 85.

Todavía cautivo en el corredor del colegio, el poeta-niño se consuela mirando a través de la puerta de cristales de la portería. No está triste, porque con sus ojos puede escapar, salvar el muro transparente que le separa de la libertad.

La puerta de cristales sustituye en este poema a la tapia del poema anterior. A través de ella contempla esperanzado a su amada que se acerca. «Gozo» es el término elegido para expresar su estado de ánimo. La esperanza seguía manteniéndole el corazón gozoso por encima de la contraria realidad, hasta que, de pronto, su castillo de naipes se derrumba. y el desengaño le deja «sin gozo»: es la hora del recreo y él es el único niño que se encuentra solo. Su «dama» no venía a buscarle. El «sin gozo» que siente no sólo se debe a la decepción; significa que el niño ha percibido por fin la realidad claramente, pero una realidad más dolorosa por insospechada.

LAS DOCE

Pintadme en ese lienzo
del aire la verdad:
árbol, un arbolito,
luz, tu velocidad.

Tú, tápame el ruido,
coche, de tu rodar,
que si no me lo tapas
me voy a despertar.

De blanco por delante,
de negro por detrás,
tu pincel, golondrina,
del agua se me va.

En la cabeza lleva
del paso la señal;
la de los pies cortados
vaya si sabe andar.

Descuelgo la ventana,
la tiniebla de cal
enfrente sólo quiero,
por no verte pasar.

Porque me dijo el lienzo:
ahora se pintará
ella y como la tarde
se puso la verdad.

Pág. 86.

En B el poema se titula *Ventana del niño sin paseo*.

El solitario enamorado observa ahora la calle desde una
ventana y pide al árbol, a la luz, a la golondrina, que le pinten

la verdad sobre «el lienzo del aire». En él quiere ver impreso hasta la sensación del transcurrir del tiempo. Pero, paradójicamente, se aferra en permanecer soñando. Teme el enfrentamiento con las circunstancias adversas y es él quien levanta el muro simbólico materializado en la pared blanca bajo la ventana; «tiniebla de cal» la llama, en oposición a luz, a verdad que tras ella continúa, a su pesar, existiendo, mientras él se entrega a la mentira de un mundo feliz imaginado y anhelado.

A lo largo de estos cuatro últimos poemas el poeta ha escapado del mundo real al mundo de los sueños. Y en éste acaba refugiándose porque aquél le entristece. Compañeras inseperables, confidentes y amigas, han sido la naturaleza y las pequeñas cosas queridas de su círculo vital cotidiano. Con ellas ha venido entablando su diálogo de enamorado solitario.

IV. *CANCIONES DE NIÑOS*

Tonada del anillo

¡Quién tuviera un anillo
para perderlo,
amor, amor, sin motivo,
para venirlo a buscar,
5   *—adiós promesa—*
y no saberlo encontrar!

Ya me buscaré,
ya me buscaré un cariño,
—pozo sin noria—
10   *y un anillo,*
para perderlo
aquí, contigo.

Pág. 91.

Este poema tiene un motivo temático mínimo: el poeta se lamenta de no tener un anillo para poder perderlo con la amada. Pero en realidad, contenido y expresión están en función del juego melódico desenfadado y alegre que anuncia el título.

LA NIÑA BONITA

Pasarás de largo,
no me enfadaré,
búscate la moza
que te quiera bien,
5   *bonitas se crían*
donde yo me sé.
Yo no soy bonita
ni lo quiero ser.

En el Guadaira
10 *la aceña de miel,*
enjambre de vientos
al atardecer:
me vía en el agua,
en el agua fiel.
15 *Yo no soy bonita*
ni lo quiero ser.

Vino en romería
mi San Rafael,
con tirabuzones
20 *de Santo de bien;*
me dejó un espejo,
me miraba en él.
Yo no soy bonita
ni lo quiero ser.

25 *Cuando por el puente*
viniste, doncel,
se quebró mi espejo
de San Rafael.
En la luna clara
30 *su luna topé.*
¡Qué bonita soy
sin quererlo ser!

Pág. 93.

La canción de juego «Al pasar la barca» ha servido de base a este romance. De ella incorpora al final de las tres primeras unidades dos versos de donde proviene el título; son la cantinela que cada atardecer entona la protagonista del poema cuando se mira en las aguas del río Guadaira. Su espontaneidad graciosa queda patente en la manera de dirigirse al joven que pasa sin mirarla; es una desenvoltura que aparenta indiferencia, pero tras la cual se esconde la gran tristeza de su soledad.

El milagro se obrará una vez más en las fiestas del pueblo. En la romería de San Rafael la niña conoce a su galán. Es curioso que vea en el peinado de la imagen la prueba de su nobleza. San Rafael para ella es un apuesto galán de cabello rizado, su ideal de belleza masculina, la estampa gallarda del mocito andaluz con el que sueña. Sin duda habría de parecérsele el «doncel» que la enamoró en la romería, cuando desde el momento en que lo vio supo reconocerlo.

La sensibilidad y delicadeza de la joven pueblerina queda de manifiesto en la sencilla y sentida descripción del paisaje ribereño, lugar de sus solitarias meditaciones. La naturaleza, el río concretamente, es el amigo fiel, testigo de sus pensamientos.

REGALO Y AMOR

A J. Rodríguez Cánovas

En brocales de begonias
hormigas vienen y van,
las calles del hormiguero
a flor de ladrillo están.
5 *Así, puntas de alegría,*
así, dulzura de pan,
tu traje distinto viene
a partir mi soledad.

Bien vengas,
10 *regalo mío,*
bien vengas.

Siempre falta la pequeña
cuando van a merendar
las tres hijas de Merino
15 *y siempre con ella dan*
en una calle de mármol,
en un patio sin cerrar,
bailando, vuela que corre,
en brazos de su galán.

20 *Bien vengas,*
regalo mío,
bien vengas.

Ya la viudita del conde
del Laurel vuelve a casar,
25 *en calesa de azabache,*
noche, farol y panal.
Encajes blancos estrenan
cura, marido y altar,
cinco campanas pulidas,
30 *el cielo rizan al mar.*

Bien vengas,
regalo mío,
bien vengas.

Pág. 95.

En este romance el poeta presenta tres historias relaciona-
das por un motivo común: el amor. De la primera es protagonista él mismo: la llegada de la mujer amada rompe jubilosa-
mente su soledad. La segunda tiene como protagonista a la
menor de tres hermanas, apasionada por el baile. En la última,
la viudita del conde Laurel vuelve a casar, y el poeta describe
con pormenores los detalles circunstanciales de la ceremonia.

Podría decirse que el romance es un canto al amor perso-
nificado en estas tres jóvenes que vienen a reunir las mismas
cualidades de belleza, gracia y dulzura. Ellas representan el
amor en plenitud.

Otra coincidencia que enlaza las tres historias es su locali-
zación espacio-temporal. El enamorado que espera se entretiene
en mirar una hilera de hormigas en su ir y venir «a flor de
ladrillo», «en brocales de begonias». La menor de las Merino
baila «en una calle de mármol», «en un patio sin cerrar». Y la
boda de la viudita se celebra a la luz de un farol. Son tres
estampas de Sevilla en tres momentos de un día de verano.

PANDERO

Un pandero de plata
sobre la torre tengo
que remontar y, cuando
en el balcón el sueño
5   su columpio te pase
por debajo del cuerpo,
desde el aire, partido
por un rayo del viento,
sobre la torre, tienes
10 que mirar mi pandero.
He despreciado radios,
cañizos, aborrezco
los andamios endebles,
sequerales y huecos
15 y sobre las seis puntas
de una estrella del cielo
he tendido la tela
de mi pandero.

El cordón que gobierna
20 su andanza, su derecho
destino, como el agua
es de claro y de tenso,
como mi afán sin paces,
como mi pensamiento.

25 En la espera de todas
las noches, en silencio,
en amor, ¡qué bien puedes
montar un alto sueño!
¡Córrelo confiada!
30 A ver cuándo podemos
remontar nuestra luna
de miel, como un pandero.

Pág. 99.

El poeta quiere ofrecer a la amada una prueba de la firmeza y pureza de su amor; ha de ser algo nuevo, original: un pandero construido sobre las puntas de una estrella para lanzarlo al cielo, donde ella pueda contemplarlo de noche. Este pandero no es otra cosa que su propio corazón enamorado. Para llegar hasta la amada no encuentra otro camino mejor que convertirse en astro ante sus ojos. Su voluntad férrea es el cordón invisible que mantiene brillando en la oscuridad este testimonio de cariño.

La metáfora tiene reminiscencias místicas: el vuelo del alma hacia el objeto de su amor, para lo cual precisa abandonar la tierra despojándose de todo impedimento material. Es el sentido que tienen los versos 11 al 18.

La secuencia narrativa es de extensos períodos oracionales cuyos elementos se encadenan traspasando los límites del verso. El ritmo de la unidad melódica queda, pues, subordinado a la sintaxis, lo cual, por otra parte, redunda en mayor cohesión del contenido.

Variantes:

Verso	7	desde el aire, partido	P y B_1
		.... quebrado	A y B_2
	14	sequerales y huecos	P
		y sin médula, secos;	B_3

La primera variante está en el plano de la sinonimia, ya que el sentido no sufre alteración. Si cabe, «quebrado» implica mayor fuerza expresiva. En cuanto al verso 14, B_3 presenta otra posibilidad formal para la misma intencionalidad significativa.

NANA

Duérmete, niño chico,
bajo el granado;
te dará Dios la estrella
que estás mirando.

5   *Duérmete, niño chico,*
bajo el almendro;
soñarás con la Virgen
que está en el Cielo.

Duérmete, niño chico,
10   *mientras te canto...*
Duérmete, niño chico...
(¡Ya está soñando!).

Pág. 101.

Esta canción de cuna tiene carácter religioso. La madre promete al niño que si duerme verá a la Virgen y Dios le regalará la estrella que desea. La evocación de tan maravillosa visión parece obrar el sortilegio: el niño queda dormido.

En cada unidad el primer verso es anafórico y el segundo ofrece tres variantes para crear en el poema la atmósfera de dulce reposo. Son como tres fórmulas mágicas con las que la madre intenta traer el sueño hacia el hijo. En la unidad de cierre el canto es ya casi un susurro. Los puntos suspensivos alargan los sonidos finales cada vez más imperceptibles. El último verso es como una acotación exclamativa dicha sin voz.

El puesto de los pajaros

A Adolfo Lama

Después de tanta cosa muerta
en la Correduría,
el puesto de los pájaros
es la vuelta a la vida.

5   Los pájaros amados de los niños,
verdugos de los pájaros.
¡Qué infinito misterio!
Nosotros también vamos
por la vida detrás de una ilusión
10   y siempre la matamos
nosotros mismos,
porque no es tan bella en nuestras manos
como la creíamos.

La paloma blanca,
15   el jilguero, el verdón y el canario
tienen triste la mirada;
prefieren el hierro oscuro
de la pobre jaula,
al dorado lujo
20   de la jaula rica.

No quieren
cambiar de vida;
temen a los niños bien vestidos;
sólo los niños que no pueden comprarles
25   son sus amigos.

¡El puesto de los pájaros
qué grato encanto tiene!
El puesto de los pájaros
es la risa del Jueves.

Pág. 103.

En su recorrido por el mercado sevillano del «Jueves», el poeta se detiene a reflexionar ante un puesto de pájaros que entre tantas cosas viejas aparece como un oasis de alegría y vida. Su meditación tiene por punto de partida la doble comparación niño-hombre, pájaro-ilusión. De la misma manera que al niño le atraen los pájaros y los persigue, el hombre lucha por alcanzar sus sueños, pero cuando lo logra y comprende que la realidad es muy diferente a la idea que de ella tenía, la decepción le convierte, como al niño, en «verdugo» de ilusiones. Podría resumirse el contenido de la primera unidad en los versos calderonianos: «que toda la vida es sueño y los sueños sueños son». Las unidades restantes continúan esta línea de pensamiento que concluye con la aceptación de la realidad como posibilidad única de existencia. El pájaro prisionero en una sencilla jaula de hierro es esa realidad.

Tal vez en este poema haya descubierto el autor su actitud ante la vida. Tal vez prefiriera la seguridad de sentir los pies sobre la tierra y renunciar a la aventura, al misterio de lo inconcreto y desconocido que, como el pájaro, atrae con cantos melodiosos. En todo caso, algo queda bien patente: el poeta se plantea el conflicto o, mejor, se percata de él; no lo afronta, lo constata, y se propone resignado una solución realista aunque amarga. Por miedo infantil y por bondad, pues, al parecer, se siente identificado con el niño pobre que se limita a acariciar con la mirada esos vistosos pájaros que nunca serán suyos. En la primera unidad se anunciaba ya el contraste entre la realidad y el deseo: «Después de tanta cosa muerta» —decía el primer verso— «el puesto de los pájaros / es la vuelta a la vida»— concluía el de cierre. Muerte y vida es la antítesis base de esta reflexión de tono filosófico expuesta mediante el símil y la metáfora fácil.

La niña de Sevilla

En los bordes de España,
¡ay, la plazuela!,
un encaje ha saltado,
ronde la rueda.

5   En los bordes de España
ya están cantando
los pajaritos
en sus naranjos.
Y las campanas,
10   ¡ay, la plazuela!,
en los bordes de España.

Cerca la sierra,
lejos del río,
ronde la rueda
15   su regocijo:
cara de sol y de luna,
vente conmigo.

El cielo con sus nubes
y en una acera
20   arrebol de arreboles,
pena con pena.
Sale la sombra
de las puertas a la calle,
sale la sombra
25   pero no la siente nadie.

La manzana en el huerto
y el agua suelta,
y las norias cantando
para sus ruedas.

30   *«Arroyo claro,*
fuente serena.
Quien te lava el pañuelo
saber quisiera».

    Por la veleta el viento
35 *en un aguijón clavado,*
y sin poderse escapar,
en un aguijón clavado.

    Por las nubes anda el viento
metido en un traje blanco
40 *y el atanor en el huerto.*

    La niña de Sevilla
ahora se queda:
lejos del río,
cerca la sierra...

45   *Quién te lava el pañuelo*
saber quisiera.
«Uno lo lava,
otro lo tiende,
otro le tira rosas
50 *y otro claveles».*

    Los pájaros en el aire
juegan para tener sueño,
y el niño que está en la cuna
con calentura y despierto.

55   *Con sus velos azules*
la noche llega,
con palabras lejanas
la noche llega.

En los bordes de España
60   *rueda la luna.*
   «¿Para qué quieres, niña,
   tanta hermosura?».

Pág. 105.

Una vez más el poeta bebe en la fuente popular del cancionero de juegos infantiles. Los niños cantan al «arroyo claro,
fuente serena». El corro gira en la plazuela y el poeta dibuja
su línea circular en el verso 4: «ronde la rueda». De noche la
evocará la luna con su figura redonda: «rueda la luna» (verso 60).

A medida que el corro avanza se va pintando el paisaje
de en torno. Paisaje serrano de mañana primaveral con cielo
abierto a la luz, con huertas de naranjos y manzanos, en el
que los pájaros, las campanas y la noria entonan la melodía
de fondo acompañando a las voces infantiles. El agua, «arroyo»
en la canción incorporada al poema, corre también sin trabas,
como la rueda, y comunica a todo el paisaje su transparencia.

El poeta maneja con pulcritud y delicadeza la variada gama de su paleta, ilustrando la canción con ecos de colores vivos, puros. Cada verso es una pincelada descriptiva; cada
unidad, un nuevo motivo paisajístico, por su independencia sintáctica. El aspecto y el modo verbal prestan dinamismo a la
secuencia poemática juntamente con la brevedad del metro
más frecuente, el pentasílabo.

CINCO AÑOS

Sentada la niña buena
a dormir, de par en par
los ojos, sin prender nada,
de pronto, grillo real,
5   *rubia, morena, menuda,*
salta con este cantar:

«piña, piñeta,
dame tu nieta».

Los besos se la comían,
10 *¡qué miel fina de azahar*
su cara! Sola, sin nadie
que la llevase a soñar,
al sueño se fue y del sueño
trajo su copla sin mal:

15 *«y si no la tienes*
dame tu nieve».

Se ríen luna y estrella
en las barbas del pinar
y la niña más se ríe
20 *la gracia de su cantar:*

«Piña, piñeta,
dame tu nieta
y si no la tienes
dame tu nieve».

Pág. 109.

En esta ocasión el poeta pone en boca de una niña la estrofa de la canción de juego motivo del poema. «Grillo real» llama a su pequeña protagonista por la gracia inocente con que inesperadamente rompe a cantar. El contraste establecido a nivel semántico entre las formas verbales de participio, «sentada», y de presente, «salta», subraya el paso súbito del estatismo al movimiento.

La reacción de quienes observan la escena no se hace esperar. Al poeta parece que le faltaran palabras para manifestar su entusiasmo por esta criatura, y personifica a la naturaleza para hacerla partícipe de su alegría. En un gesto casi infantil, no se resiste a dejar en ridículo a la piña egoísta que negó su fruto a la pequeña y, en venganza, la luna y las estrellas confunden sus risas ante las barbas del pinar, que queda así convertido en un viejo cascarrabias.

El estilo es en ocasiones puramente conversacional, con expresiones como la ya citada del verbo saltar, muy enfático, o la del verso 9, «los besos se la comían», tan tierna y familiar.

V. CAMPO

Entierro del señor Pez

Ojo sin jambas, la puerta,
luz de afuera le tentaba,
curioso el pez,
traidora el agua
5 que el vestido le manchó
con su burbuja barata.

Ya no más se lo manchaba.

De la alberca se despide
y alumbra con sus escamas
10   *las arenas,*
arenitas de la gavia.

Un herrado son de lejos:
no escucha la campanada,
turbia, al caer de la válvula.

15   *Desperezo agradecido*
de terrones y de ramas.

La huerta recién regada.

Hizo una trenza de granos
el postrer hilo del agua.
20   *El pez peinaba*
con su pechuga
la trenza grana.

Ahogado de aire,
se acostó sobre una banda.

25   *A la noche las hormigas,*
vestidas de negro, pasan
con el pez sobre los hombros,
sin alma.

Pág. 119.

Motivo argumental de esta composición es la muerte de un pez. La ordenación del contenido narrativo se estructura en tres partes según la lógica sucesión de causa a efecto: exposición del hecho (versos 8 - 17), su porqué (versos 1 - 7), y su desenlace (versos 18 - 28), en este caso, el cumplimiento inexorable de la ley natural como justo castigo al atrevimiento de quien intenta quebrantarla.

El pez se siente atraído por el mundo exterior al agua, a la que el poeta inculpa de la tragedia porque deja transparentar, «traidora», la luz que llama su atención. Incapaz de resistir la tentación de curiosidad, escapa de la alberca, sordo a la llamada de advertencia del agua que semeja un tañido de campana al caer sobre la superficie tranquila. Y cuando el día acaba apenas de nacer y la tierra casi dormida recibe el primer saludo del agua, la sangre del pez muerto forma con ella una trenza de rojos granos. El título sería el último punto de esta sucesión narrativa; sin embargo, se adelanta al contenido anunciando al lector, como un titular impresionante, su tono fúnebre.

La nota más destacable en el plano estilístico es quizá la ausencia de adjetivación caprichosa. Todos los adjetivos calificativos tienen una función muy precisa: especificar las características descriptivas de los elementos que entran en juego en el poema.

FABULA DE REGADIO

> *La arena que tú acaricias,*
> *   rosa,*
> *   fina*
> *arena del caño seco,*
> 5   *era tierra gruesa y basta*
> *antes de la hora del riego;*
> *se llevó el agua las piedras*
> *en la espuma de su prisa*
> *y sólo quedó la arena,*
> 10 *y murió en las albardillas*
> *el agua, loca y caliente,*
> *castigo de las hormigas.*
> *Sí, si es bueno mi pensamiento*
> *y sencillo, como arena*

15 *de un caño después del riego,*
    sabe que tú fuiste el agua
    que todas las piedrecillas
    en su espuma se llevaba.

Pág. 121.

Es la hora del riego y los dos enamorados se complacen en observar cómo el agua discurre veloz por los surcos de la huerta. De esta contemplación surge el poema, que consta de dos partes gráficamente delimitadas por un punto. La primera ocupa los doce primeros versos y en ella el poeta se dirige a la amada a quien refiere la labor purificadora que el agua de riego ejerce en la tierra. En la segunda establece una doble asociación de imágenes. Compara su propio pensamiento con la arena e identifica a la amada con el agua. De tal forma, que no sólo atribuye a esta mujer la pureza como cualidad inherente, sino la virtud de limpiar su pensamiento de asperezas empapándolo de bondad en una continua emanación amorosa. Para explicar esta similitud ha inventado el poeta su «fábula».

TREN

Que viene el tren
ahogado de cuestas,
por niñas bonitas
alcor y sierra.

5 *La torre de San Ciruelo,*
   cinco minutos, arriba,
   para una vida de amor
   el agua de la cantina.

Pág. 122.

En *A* el poema se titula *Puntal de la sierra*.

La primera nota que se percibe al leer este poema es la adecuación entre el ritmo del verso y el tema.

En la primera unidad el verso inicial y el de cierre están formados por dos pies trocaicos, mientras los centrales son dactílico-trocaicos. El tren está llegando a una estación en la sierra. El camino es ascendente y esta sucesión de ritmos refleja su marcha, por momentos rápida, a trechos cansina, según el terreno. En la segunda unidad el verso se alarga y el ritmo se hace dactílico. Se divisa ya la estación y el tren va aminorando velocidad.

ROMERIA

Verdes varitas,
miradas nuevas.

Viva la Virgen
entre las peñas.

5   *Si la fortuna*
gira su rueda,

los pitos soplan
a las estrellas.

El agua de la alegría
10 *descorre sus lazadas*
en torrenteras.

El santero rifa estampas,
florido de papeletas.

El amor pinta
15 *miradas nuevas.*

Pág. 123.

Describe el poema el ambiente de una romería mariana en un cuadro multicolor donde no falta ninguno de los elementos típicos de estas celebraciones.

Lo religioso y lo profano, la devoción y la diversión, se confunden en una sola voz para gritar «viva la Virgen», que es también un viva a la vida y al amor, que cada año en estas fiestas prende su llama en nuevos corazones.

Variantes:

Verso			
	3	Viva la Virgen	P
		.... santa	B
	4	entre las peñas	P
		de la Serena	B
	5	Si la fortuna	P
		La fortuna	B
	6	gira su rueda	P
		rueda	B
	7	los pitos soplan	P
		y	B
	8	a las estrellas	P
		las últimas estrellas.	B
	14	El amor pinta	P
		.... los ojos	B
	15	miradas nuevas	P
		de	B

Resumen:

Versos 3-4: la romería en B se celebra en honor de la santa de la Serena, elipsis del nombre del pueblo pacense Villanueva de la Serena.

Versos 5-6: al transformarse estos versos en una oración principal, todas las oraciones en *B* son semánticamente independientes.

Verso 8: «últimas» introduce una alusión temporal ausente en *P*. Puede significar la duración de la fiesta hasta bien entrada la madrugada, la inagotable energía de los romeros.

Versos 14-15:   la aparición de «los ojos» plantea un problema de interpretación en cuanto que el último verso puede ser un complemento determinativo de este sustantivo o bien un sintagma nominal con valor adverbial y, por tanto, complemento del verbo. Del contexto deduzco que esta segunda hipótesis es la acertada. En tal caso, ambas versiones tienen la misma intención significativa y la especificación del continente de las miradas es en *B* innecesaria por lógica; además, alarga el verso, le resta agilidad y le hace perder su carácter sintético, impresionista, para ganar en expresividad, propia del análisis.

MISA DE ALBA

> *Domingo basto de pueblo;*
> *bordadas en la camisa*
> *tienes estrellas de veras.*
> *Los ángeles van a misa,*
> 5 *la campanita del campo*
> *se está muriendo de risa.*
>
> *Con veneras de acebuche*
> *los ángeles van a misa.*

Pág. 124.

Una sencilla escena es motivo poemático: es domingo en un pueblo y los ángeles van a oir la primera misa del día. Su presencia ennoblece el ambiente rudo y llano poniendo una nota de candor y paz espiritual.

Camino de la iglesia, el cortejo celestial recibe el saludo alegre del campo en la risa de una campanita. La campanita, símbolo tradicional de humildad, «se está muriendo de risa» al ver pasar a estos ángeles camperos. Tal vez sea en esta hipérbole del lenguaje común y de gran expresividad afectiva donde mejor se condense la sencillez y el regocijo que el poeta ha querido poner de relieve en estos versos.

En el contenido semántico del lexema verbal «van» y la perífrasis «está muriendo» se apoya el ritmo interior que rompe el estatismo de la breve descripción.

JARDINERO

> *Al brote de febrero*
> *un arco de vareta*
> *y el jazmín, arquitecto.*
>
> *Otro compás verde*
> 5 *trote largo del agua*
> *y al atanor, jinete.*

Pág. 125.

El poemita da noticia de la aparición del primer brote de febrero, el jazmín, que, encaramándose en las arcadas de vareta, construye sobre este esqueleto su diminuto ramaje y recorre como un jinete las paredes de un compás.

En la imagen, construída exclusivamente con sintagmas nominales, el plano irreal está expresado por las atribuciones especificativas y el plano real por los núcleos sustantivos «jazmín» y «compás».

Salida del tema flor

Sin nombre; nadie te llama,
baja flor que nadie ve;
cunera del campo grande,
estrella puesta de pie.

5   *La rosa, siendo tan rosa,*
ansias conoce y dolor,
el día debe sus bordes
y anochece por su olor.

  Déjame ya por tus rosas,
10 *niño, que el amanecer*
se desemboza, y rocío
clava su menta en mi sed.

Pág. 126

Este poema es un canto a la flor ignorada en la inmensidad del campo por su pequeñez. El poeta ensalza su sencillez y la piropea con las hermosas metáforas contenidas en los versos 3 y 4. A manera de desagravio, como para consolarla, la segunda estrofa encierra una meditación en torno a la fugacidad de la hermosura de la rosa admirada de todos. La petición que cierra el poema parece puesta en boca de la flor humilde que solicita tranquilidad ante la llegada de la humedad del alba.

La expresión en forma de diálogo da a estas consideraciones un tono de intimidad muy de acuerdo con el tema.

VI. *JUGANDO A SEVILLA*

El Pozo Santo

Hospital del Pozo Santo,
que no parece hospital,
porque en las paredes tanto
de cielo pone la cal,
5 *que, gozándose, la vista*
no puede pensar que exista
en sus recodos el mal.

Anchos encajes nevados,
consolas de las estancias
10 *y románticas fragancias*
de damascos purpurados;
visillos conventuales
y reflejos de fanales
en los sombríos estrados.
15 *Retratos de fundadoras*
con la mirada sumida
por el libro de las horas
en horas de recogida;
retratos que modelara
20 *un pintor nacido para*
ser pintor en la otra vida.

Cuando viene la hiladora,
que deshila nuestra tela,
se entra por una reidora
25 *voluta de la cancela...*
sin violencia, sin destrozo,
hace el signo en un embozo
y va, como una mozuela,

> de dos saltos, al tejado,
> 30 toda desnuda de asombros,
> hasta que siente en los hombros
> de un vuelo más el cuidado;
> la campana manotea
> y quiebra por la azotea
> 35 un tiesto recién plantado.
>
> Sabiduría infantil
> que la pared engalana
> con cenefas de Triana
> para soñar un abril.

Pág. 129.

Hay dos momentos en el desarrollo de este poema. En el primero, de carácter descriptivo, el poeta nos presenta la blanca fachada del hospital sevillano de cuyo nombre viene el título. De su mano penetramos en el interior y observamos detenidamente cuanto en él se encierra. El sosiego que reina en las galerías silenciosas y en las estancias conventuales invitan a la meditación trascendente. Y, en efecto, la segunda parte del poema es una larga reflexión en torno a la muerte. No se rompe, sin embargo, el equilibrio que ha caracterizado el tratamiento del tema inicial. Para paliar la gravedad del asunto el poeta lo expone en forma alegórica: la muerte aparece encarnada en la amable figura de una joven que desteje hábilmente la tela de la vida; es la parca, ladrona cautelosa, cuya presencia anuncia la voz quejumbrosa de la campana conventual.

Al cierre vuelve a la descripción, haciendo referencia a los adornos de cerámica trianera que lucen las paredes del edificio.

El Paseo de Cristina

A la comba, mi niña,
salta la cuerda,
a la comba,
la comba,
5 *cunita, ea.*

  Tirabuzón de arcángel,
nudos de seda,
y un Angel de la Guarda,
niña, con alas,
10 *rubia y morena.*

  Almidones
de azúcar
de la niñera.

  Cuatro números pares
15 *la barquillera,*
en la orilla del río
barcos de velas,

barcos de dulces
y organillos de mulas
20 *en la plazuela.*

  Un vaso roto,
y en las vigas, los sustos
que se descuelgan,
corren la casa,
25 *pinchan las puertas,*
saltan las cunas;
a la comba,
la comba,
cunita, ea.

Pág. 133.

En este poema está plasmado el animado ambiente del antiguo paseo de Cristina. Los personajes típicos —los niños, la niñera, la barquillera—, la alegría ruidosa de los juegos infantiles, el son del organillo, tienen vida propia en el marco de estos jardines cara al río, que pone velas blancas al paisaje.

La originalidad del poema consiste en que la descripción de esta estampa sevillan está tratada a manera de nana. La palpitación vital de los elementos pintados debe mucho a la musicalidad del ritmo poético, rápido y gracioso.

Salvo en tres ocasiones —versos 11-12-13 y 22-23—, grupo fónico y melódico coinciden. Esto, unido a la brevedad de los tipos de metros empleados, y de las unidades, facilita la agilidad del poema en cuyo ritmo predomina el esquema dáctilo + troqueo. En la unidad de cierre, en cambio, el verbo conduce al poema a un final vertiginoso. El contenido lo exige: es la narración de un accidente, al parecer, sin consecuencias. El modo de acción verbal denota apresuramiento a causa del temor. El contraste es evidentemente brusco con respecto a las unidades anteriores: mayor rapidez, cambio de tema, de forma de expresión, de escenario incluso, ya que el suceso tiene lugar en el interior de una casa. La situación es algo confusa y resulta extraña al término de la composición.

FERIA DE 1914

Haz y curva, la brecha
de tus andares,
la niñeta del ojo,
pie de cantares;
5　*prima melada,*
de una cuerda de lunas
bailas colgada.

Marimoña de risas
forman tus dientes,
10　*se te escapan los sustos*
por los cohetes;
talle quebrado,
madrugada de luces,
clavel del Prado.

Pág. 135.

Perfila el poeta aquí la figura gracil de la mujer sevillana, adorno de la feria. Canta el garbo de sus movimientos airosos en el baile, y llega a identificarla con el clavel.

El ritmo de la seguidilla se ciñe perfectamente al tema.

ROMANCE DE DON PEDRO EL CRUEL

A Paco García

La noche negra sin luna,
se duerme en brazos del viento,
una luz de aceite dobla
su cuchillo contra el suelo
5 y en las esquinas se esconden
todos los saltos del miedo.

El barrio de los judíos
va cruzando el Rey Don Pedro;
de amores y de venganzas
10 le están sonando los huesos,
de las rodillas y al cinto
le guarda puñal de acero
de temple fino, templado
por el Tajo de Toledo.

15 Pasado el Mesón del Moro
le ha sorprendido un revuelo
de ropas y cabellera,
tan cerca de sus cabellos,
que, desandando el camino
20 con paso corto, derecho
y sin dar todo su alcance
al brazo, paró certero
una mano de mujer
con un estilete negro,
25 calado de filigranas
y cegador de destellos.

Un instante ve la cara
de la mujer, que en acecho
esperaba el corazón
30 ingrato del Rey Don Pedro

para pararle la vida,
cuando todos los recuerdos
le trajeron el instante
de un amor nacido muerto:
35   la flor de la Judería
deshojada por el suelo,
unos labios, antes dulces
corales del embeleso
y ya, en la desesperanza
40   y en el odio y en los celos,
profetas de cruel venganza,
con profundo juramento:
"Ya no más tendrás hebreas,
ni cristianas, Rey Don Pedro,
45   donde quiera que te halle
has de quedar en mí preso,
mis brazos te abrazarán
con el abrazo postrero".

Todo lo recuerda el Rey
50   viéndola presa en su recio
puño, que sabe de amores
y de vinos y de duelos,
viéndola triste llorar
el fracaso de su intento.

55   Y, sin soltarle la mano,
sólo apartándole el hierro
con que le quiso quitar
sus locuras y su imperio,
despacio, se le acercó
60   y ni cruel, ni justiciero,
enamorado, le puso
entre los labios un beso.

Pág. 139.

Este poema refiere un episodio acaecido al rey Don Pedro durante una de sus correrías nocturnas por la judería sevillana, cuando una judía enamorada intenta quitarle la vida por despecho. El monarca, en un gesto pasional, logra detenerla a tiempo y cautivarla de nuevo.

Una característica destaca por encima de todos los aciertos del poema: el realismo que viste tanto a los personajes como la anécdota. Ni siquiera el halo de misterio que los envuelve merma un ápice a la verosimilitud de esta historia. Ambos personajes, tal como el poeta los describe, están dentro de la línea legendaria tradicional del romancero español. El rey pendenciero y violento muestra aquí toda la fuerza de su impetuosa hombría. Sólo comparable a la suya es la personalidad de la enamorada infiel; valiente y tremendamente femenina, pone en riesgo su vida por cumplir un juramento de venganza en el que descubre el dolor que atormenta su alma al seductor que la abandonó. Doblegada por fin, reaviva en los brazos del rey el recuerdo de otras horas de amor, y éste acaba triunfando sobre el odio. Así, el conquistador que humilla el odio con un beso, es al mismo tiempo vencido por la pasión.

Es éste uno de los poemas en que Alejandro ha logrado imitar con más habilidad la técnica del romance: en la presentación de los personajes, en la emoción del relato que se intensifica conforme avanza el poema, en la creación de una atmósfera favorable a los acontecimientos. El narrador ha cuidado bien esta última circunstancia: el escenario de la acción es el barrio judío de Sevilla. El viento hace aún más negra y misteriosa la noche cerrada y llena de presagios. La tenue llama que alumbra la calle zozobrando atrae la imagen del negro cuchillo de muerte que la mano regia, como una ráfaga invencible, domina empuñado en la mano de la judía. La narración en presente acerca la historia al lector. Pero donde radica el realismo es en la dramatización por medio del diálogo. Con este recurso el poeta nos ofrece un nuevo motivo definidor de la personalidad de los protagonistas: el rey no responde a las palabras de la judía sino con hechos. La fuerza de la pasión le lleva a la actuación directamente. Ella, en cambio, que no logra realizar su propósito, desahoga su odio en duras palabras, intentando matar al menos con sus labios.

EN EL ABANICO DE CARMIÑA

Entre las rojas cadenas
de papel, tus ojos claros
me parecieron dos raros
luceros. Estaban llenas
5 *tus miradas de dulzura*
y las luces de la Cruz
te dieron toda su luz,
palpitando de ternura.

Tu corazón, conmovido,
10 *escuchaba la divina*
soleá, la golondrina
que busca calor de nido
dentro de los corazones.

Pero tú, la noche aquella,
15 *fuiste, Carmiña, más bella*
que la luna y las canciones.

Pág. 141.

El poeta recuerda a Carmiña en una noche de mayo durante una fiesta de la exaltación de la Cruz, y requiebra su belleza y dulzura que relucían en el ambiente más que la luna incluso.

El piropo se establece en forma dialogada y narrativa, y la secuencia lineal del contenido hace que la unidad rítmico-semántica sobrepase con frecuencia los límites del verso. La descripción de los ojos ocupa los dos enunciados que conforman la primera unidad. En la segunda canta la ternura de su alma, emocionada por el cante de la soleá. Confirma y acentúa esta ternura la metáfora que identifica la soleá con una golondrina «que busca calor de nido» dentro del corazón de la joven.

MÍSTICA

A Pedro de Répide

Tu vienes a San Clemente
porque te encanta el dorado
del altar, o el estofado
polícromo y refulgente
5   *de alguna vieja escultura.*

A tu amigo le enamora
la imprecisión seductora
del rumor de la clausura;
-rumor de falda y de toca-
10   *y quiere ver la belleza*
de la monjita que reza
casi sin mover la boca.
Tu amigo, que es un Don Juan,
cerca del coro se queja
15   *de que el coro tenga reja...*
Así las horas se van.

Yo pienso en la monja fea
que una tarde en el Clavero
me habló del Dios verdadero,
20   *de la humanidad atea,*

> *sensual y concuspicente,*
> *con una voz tan graciosa,*
> *tan fresca como la rosa*
> *del compás de San Clemente.*

Pág. 142.

A través de la enumeración de las razones que atraen la atención de tres personajes masculinos hacia el convento de San Clemente, el poeta presenta tres caracteres direfentes definiéndolos frente al suyo. Su actitud contrasta con la de estos visitantes que buscan en el convento el goce de los tesoros artísticos o la belleza de las monjas. El, en cambio, recuerda la voz suave y piadosa de una monja fea hablándole de Dios. No hay sombra de reproche en estas comparaciones por parte del poeta. Por el contrario, profunda humanidad y comprensión.

Las breves descripciones de la monjita que reza tras la reja o de la monja fea constituyen dos tiernos apuntes pictóricos dentro de la galería conventual a la que nos transporta el climax espiritual del poema.

COSTURERA

> *Los hierros la frontera*
> *del mundo son; comienza en tu ventana*
> *la vida, corazón de lanzadera,*
> *encaje del amor, aguja fina,*
> 5 *estrella de hilo azul que se devana,*
> *pespunte de primor, tú, costurera,*
> *costurera del sol, por la mañana.*

Pág. 143.

El detalle curioso de este poema - requiebro es que las galanterías que el poeta dirige a la dulce costurerita están inspiradas en los materiales que ella emplea en su labor. Estos apelativos, yuxtapuestos, constituyen el contenido poemático.

SAN ALEJANDRO

¡Qué perdido aquel febrero!
Yo decía:
¡Cómo quiero
que se duerma la dulcera!

5   *Si se duerme la dulcera,*
adiós la cristalería
de azúcar y compotera,
adiós su dulce pulsera,
joya de confitería.

10   *Mira que si se durmiera,*
la confitera, mi día.

Pág. 144.

Alejandro recuerda un día de su santo cuando era niño y lamenta no haberlo celebrado como soñó, con un banquete de golosinas.

La viveza y entusiasmo con que relata sus proyectos de entonces, como si realmente los pensara por primera vez, dejan ver la deliciosa ingenuidad picarona de su imaginación infantil. La expresión es sencilla y conversacional.

VII. *PUEBLOS*

COPLILLAS DE SANLÚCAR

Sanlúcar, río salado,
la vela tiene tu nimbo,
agua del ir y venir,
mañana y tarde y sigilo.

5　En su cárcel de madera,
en su sombra y dulce sitio,
¡silencio y luz de silencio!,
se va madurando el vino.

Veranos de Andalucía,
10　en el mar y el cielo limpio
banderas de brisa clara
con revuelos y abanicos.

Sanlúcar va por España
alegre de su camino,
15　bien a punto la canción,
en cristal de regocijo.

Pág. 151.

En este canto dedicado al pueblo gaditano de Sanlúcar se hace referencia a los elementos que lo definen y que le han dado renombre.

La secuencia descriptiva es esticomítica y produce una impresión de reposo debido al mayor número de elementos nominales que verbales.

Escalon de Herrera

El pie sin planta, pisa los rieles
en punto de canción, tan recortado,
que, sílaba sin fin, ha mesurado
mis ansias de llegar, con cuentarrieles.

5   *Están, están, están ya tus manteles*
abiertos al amor de mi cuidado,
como el lecho de plumas descansado
y la leche de cal de los dinteles.

   La noche me quitó tu parca hechura
10 *y en ti, mi bello caminar alaba*
la corteza de amor de Extremadura.

   Hospedería de Escalón de Herrera,
mi triste mano sonará tu aldaba,
que el brazo traigo ya sin compañera.

Pág. 152.

Camino de Extremadura, viajando en tren, el poeta se siente cansado y anhela llegar a la hospedería cuyo nombre encabeza el poema. Es un lugar conocido para él. Su recuerdo le causa alegría. Presiente aguardándole finos manteles en que saciar su hambre y blando lecho para descansar. Pero un sentimiento de soledad empaña la dicha de la llegada próxima. El poeta va «sin compañera».

No sé la fecha exacta de composición de esta poesía ni del viaje en cuestión. Desconozco por tanto la razón que le llevó a este pueblo y la causa de su tristeza.

La reiteración de la forma verbal «están» al comienzo del verso 5 reproduce con su ritmo yámbico el de la marcha del tren.

EL AGUA DE IRÁS Y NO VOLVERÁS

Alcalá de Guadaira

Atajales de agua mora
todos de cristal, azules,
de sol y de luna, mueren
amantes del joven pino.

5   Pañuelo virgen de puntas
las piedras de los trabajos
a los molinos se llevan
por el señuelo del agua.

¡Qué pompas de perfección!;
10   el ala del horizonte
tiene su par en los trigos,
en las linfas, en la espuma.

—Me llevarás a la adelfa,
barquero, niño de amores;
15   mírame a la cara y dí
que yo no pago dinero.

—Hay un reloj de los besos
y un compás de las verdades;
déjate sueltos los brazos
20   y olvídate de tus ojos.

Que yo ya soy panadera
rubia y morena de llamas,
y tú, lentisco del fuego
que llora un instante verde.

25   —Yo te llevaré a tu adelfa—.
—Me llevarás con el agua,
perderemos los molinos,
amor, entre dos orillas.

Liria. Pino. Jaulas dulces
30 *entornan luceros claros.*
    Fuese por visos, amores
    buscando, sin volver nunca.

Pág. 155.

El tema central de este poema es un diálogo amoroso entre una panadera y un barquero de Alcalá de Guadaira.

El paisaje es un protagonista más de la acción. Y el poeta se detiene en describir el sencillo y romántico entorno que sirve de marco a la escena: trigales, molinos, y el río bordeado de pinos y adelfas por el que la pareja se aleja abandonada al amor que ella solicita con gracia.

En la unidad de cierre se descubre la clave del título: la joven no regresa del paseo en barco; queda perdida en la noche de amor. Así termina el romántico coloquio.

COPLAS DE SANLUCAR

El aire azul gaditano
mueve contra los pesares
tenues países de mares,
abanicos del verano;
5 *con la sal de tu mar llano*
   que a flor de la playa queda
   y con tus luces de seda
   sobre el bastidor del cielo,
   bordas un dulce pañuelo,
10 *Sanlúcar de Barrameda.*

Pañuelo de adiós marino
a los alegres vapores,
de adiós a los pescadores,
y por los mares del vino,
15 de adiós a los bebedores.

El agua en ti resplandece
con verdura de floresta
y es tu mar el mar de fiesta
por que Sevilla perece;
20 hasta el río se merece
tu amor, que si le provoca
la sirena del mar, loca,
bajo las aguas rivales
por salvarle los cristales
25 tiras un cabo de roca.

Y la sirena del mar
y la náyade del río
juegan a la bajamar
dormidas en su bogar
30 con bañadores de frío.

Y tienes huerta encendida
donde cultiva tu mano
el fino amor de verano,
planta la más escogida;
35 una huerta que convida
al sueño virgen de bruma,
copiado con gracia suma
a las cambiantes colleras
de las rosas marineras
40 tejedoras de la espuma.

Te da tu Bajo de Guía
el sentido del placer,

y te da luz de alegría
tu lucero Lucifer,
45 *primer luminar del día.*

La vacación amorosa
a la luna de la playa,
sobre la onda la raya
y el nombre sobre la rosa;
50 *entre la tarde piadosa*
con el amor y la duda,
qué bien dices, boca muda,
al poniente sin maldades,
la verdad de las verdades,
55 *de cara a la mar desnuda.*

El coral tiene escondida
a los amantes marinos
su candelaria encendida;
de cara a la mar, la vida
60 *se va por verdes caminos.*

Desde mi Torre del Oro,
tendida la blanca vela,
ya tengo sal en mi estela,
Sanlúcar del río moro;
65 *sueño tu verde tesoro*
al ir de mi quilla lento;
con viñas frescas al viento,
coronada de alegría,
la mejor Andalucía,
70 *Sevilla y Cádiz, presiento.*

Hace curvas de primores
camino del mar, el río,
la sirena de temblores
el aire carga, de flores
75 *de vapor sobre el navío.*

> *Gozosas pasad mi frente,*
> *reinas de las suavidades,*
> *brisas de las tempestades*
> *y nieve azul de relente;*
> 80 *serenad este incipiente*
> *cansancio que ya aminora*
> *por «Sevilla labradora»*
> *mi amor, y venga salada,*
> *por la ribera asomada,*
> 85 *Sanlúcar, que la mar dora.*

> *Sanlúcar, si puedo hablar*
> *náufrago de manzanilla,*
> *¡quién te supiera llevar*
> *con tu blancura y tu mar*
> 90 *hasta los pies de Sevilla!*

Pág. 157.

En esta nueva exaltación de la belleza del pueblo gaditano, el nombre de Sanlúcar aparece, a partir de la tercera estrofa, unido al de Sevilla; y de la unión es imagen viva el río Guadalquivir, el río salado al que el poeta contempla desde la Torre del Oro camino del mar. Allí donde ambos confluyen la náyade y la sirena celebran con sus juegos la cordial hermandad de la ciudad y el pueblo.

Concluye el poeta pidiendo a la brisa que alivie su cansancio, y expresando a Sanlúcar el deseo de poder llevar su mar hasta Sevilla.

VIII. *VARIA SILVA*

Maria Coral

> *Se casó María Coral*
> *la de los cuatro manchones,*
> *la que ordeñaba más leche,*
> *la que cogía más flores.*
>
> 5 *Se casó María Coral*
> *apenas era de día,*
> *yo la vide por la cerca*
> *lo bonita que venía.*
>
> *Se casó María Coral*
> 10 *el imán del mocerío;*
> *la casan por interés,*
> *no se rinde a su marido.*
>
> *Se murió María Coral*
> *apenas era de día*
> 15 *y dicen que se murió*
> *casada, siendo mocita.*

Pág. 166.

El romance cuenta la triste historia de una joven pueblerina a la que casan contra su voluntad y muere al poco tiempo. Es bonita, trabajadora y buena. El narrador da fe de ello. Su admiración le lleva a comprometer su palabra. Sólo al referir la circunstancia de la muerte emplea la forma impersonal. El no puede asegurar que muriera virgen, pero tampoco quiere silenciar este rumor, y se hace eco de la anónima voz popular.

La reiteración anafórica de la noticia de la boda en el verso inicial de las tres primeras estrofas hace aún más brusca y trágica la temprana muerte de la joven en la unidad siguiente —el tiempo real transcurrido entre ambos acontecimientos es muy corto—; su presentación en la primera estrofa es también anafórica. Y esta insistencia en ideas y procedimientos expresivos está dentro del estilo narrativo popular. A la sencillez del léxico contribuyen el arcaísmo «vide» por vi, y el término «mocita» en el sentido de joven virgen.

LA SAETA DEL BUEN EGOISMO

Yo no te quiero decir mi dolor:
sería menos dolor al confiártelo,
sería traidor
arrancarme mi dolor para dártelo.

5   No: mi dolor es para mí,
tú ríete de todo
y sigue así,
tan linda, sin que te alcance el lodo
del camino...

10   Oye mi verso
y no me preguntes por destino
adverso,
y sé bonita y crece como una flor,
y no me preguntes nunca por mi dolor.

15   En tu alma quiero tallar
mi torre de marfil:
en tu alma quiero sembrar
mi abril.

Pág. 167.

El título del poema responde a la actitud generosa por parte del poeta, que quiere sufrir en soledad para no entristecer a la amada. Se expresa en estilo conversacional, reiterativo, al dictado de sus sentimientos, y esto es precisamente lo que imprime autenticidad y fuerza a sus palabras.

Consagracion

Cuando todos mis pensamientos
hacen la hoguera limpia y clara,
en donde quemo los momentos
de nuestro gran cariño, para
5 *que su perfume fino sea*
grata delicia de mis horas,
dulce vestido de mi idea
y relicario de ensoñadoras
canciones llenas de emoción,
10 *un racimo de versos llanos*
se madura para tus manos
en la vid de mi corazón.

Pág. 168.

En esta ofrenda a la amada el poeta reconoce en el amor su principal fuente de inspiración creadora. El agradecimiento por la felicidad de saberse querido brota en forma de poema, de palabras sencillas y plenas de cariño, fecundadas en su imaginación por el aroma de los momentos más dulces, que arden con la llama del recuerdo en el altar de sus pensamientos. Palabras alimentadas con la dulzura del amor y que como un racimo de uvas desgaja del corazón para ofrecerlas a ella. Es en las imágenes de los versos 10 al 12 donde se establece la semejanza entre los versos y las uvas de un racimo. Y, en efec-

to, en racimo convierte al poema el encabalgamiento ideológico;
de acuerdo con la linealidad del curso narrativo, los versos enlazan —a veces bruscamente— conformando la secuencia sintáctica de un enunciado.

Deseos

En tu regazo quiero
dormir
y olvidar el agosto y el enero
de mi vivir.

5   *En tus manos, delicadamente*
frescas y puras,
quiero sanar mi frente
de calenturas.

En tus ojos quiero purificar
10   *mis ojos cansados de mirar*
maldades
y senectudes,
mentiras vestidas de verdades
y tortuosas ingratitudes.

Pág. 169.

En cada una de estas tres estrofas formula el poeta un
deseo a la amada, pero los tres podrían reunirse en el anhelo
de protección. Ella es el refugio que necesita su espíritu desen-
gañado de las mezquindades de la vida. En su regazo busca el
reposo mediante el olvido de la propia existencia a través del
sueño; en las manos, alivio para su fiebre. Los ojos, en cambio, son refugio del espíritu. En ellos, una vez conseguido el

descanso corporal, quiere encontrar la paz interior que el ser querido mejor que nadie puede darle.

Desconozco la fecha y circunstancia de composición exacta del poema, pero del contenido y la emoción expresiva se desprende que debe ser tardío, tal vez hacia el final de la vida de Alejandro. Por el tono en que se dirige a la mujer querida, sus palabras son una llamada de urgencia, una súplica de consuelo y compañía que hace pensar en el padecimiento de una enfermedad física significada en el vocablo «fiebre».

QUIERO SENTIR TU VOZ

Quiero sentir tu voz en la distancia
casera de los cuartos
más hondos de la casa;
quiero mirar la huella de tus castos
5 *dedos en los encajes de los muebles*
y en el marfil risueño del piano.

Quiero llamarte sin motivo,
como niño asustado,
en mitad de la noche
10 *plagada de crujidos y presagios,*
quiero sentir el vuelo de tu falda
con el aire jugando,
y el aire, arisco, se abrirá celoso
a los golpes risueños de tu paso.

15 *Te pediré flores recientes*
para el tibor dorado,
lleno de flores que iluminan
mi mesa de cansancio...

Y tú, desobediente,
20 *con el labio callado*
y los ojos risueños,
capaces de un milagro,
esparcirás tus suavidades
como una flor, entre mis manos.

Pág. 170.

Este poema está en la misma línea sentimental del anterior. El poeta necesita sentir a la amada próxima. La soledad
le atemoriza, y busca en la voz, en las manos, en la persona
toda de la amada, seguridad, defensa, cariño y dulzura, como
un niño tímido en la tiniebla de la noche.

Ella es la madre cuidadosa y a la vez enamorada —tal vez
esposa— que vela los pasos de un niño - hombre; la personificación de la generosidad y la comprensión. En la manera de
evocarla, su figura se perfila graciosa y delicada, angélica casi,
en un contorno romántico familiar que lleva a pensar en que
el poeta estaba ya casado.

RECUERDO AL VIENTO

A María Teresa

Pongo dos alas a mi pensamiento
para que con el viento de poniente
llegue a tu casa y, penetrante, lento,
te acaricie las manos y la frente.

5   *Se moverá el encaje transparente*
de la cortina del balcón; al viento
se tocarán las rosas, levemente,
en las macetas... En aquel momento,

> *cuanto hagan tus manos por la casa*
> 10   *ha de salir bordado de primores*
> *y no sabrás de cierto qué te pasa.*
>
> *Pero yo te diré, cuando en el manto*
> *de la noche luceros finjan flores:*
> *—¡Hoy he pensado en tu cariño tanto!*

Pág. 171.

Una vez más el hecho poético es producto y testimonio de amor. En la distancia el poeta recuerda a la amada, desea estar junto a ella, y este deseo convierte su pensamiento en puente alado, en paloma mensajera de amor. Porque el poema es eso: la comunicación de una emoción amorosa en plenitud. Ella lo notará como una nueva caricia que la inundará de ilusión, y en los más insignificantes detalles sentirá esa dicha inexplicable.

A través de sus palabras el poeta se autodefine como un espíritu dulce y delicado, conocedor de la persona amada, seguro de sí por la alegría profunda e incontenible de sentirse correspondido. Mientras a ella la imagina inquieta, casi ruborosa, al recibir esta confesión de cariño.

Una ambientación romántica sirve de fondo a la escena íntima, descrita en forma dialogada, lineal y pausadamente.

RESPONSO

A Fernando Villalón

Tus trojes y tus marismas
silencian la primavera,
para sentir tu dolor
al dolerse con su pena.

5   Y qué propio lo común:
—«porque te vas de la tierra»—.
Y lo propio qué vulgar:
—«porque te vas a la tierra»—.

Tus ganados, qué perdidos,
10   tus versos, qué firmes ruedan
veleidosos en su espiga,
sobre las miras de ausencias.

Acosado por el toro
que no conoce barreras,
15   se le hace un monte callar
a tu sangre marismeña.

Que los ángeles gañanes,
al son de rubias abejas,
en el altar de los cielos
20   hagan fulgurar las yerbas.

Caduquen los amuletos
sus cifras y sus estrellas,
dijes corrompa la sal
de tus islas marismeñas.

25   Que tú te irás con Longinos
sobre la silla vaquera,
respirando los galopes
por ultranubes excelsas.

Pág. 173.

En este responso el poeta traza la semblanza del amigo muerto, Fernando Villalón. Canta la bravura de su espíritu, su estampa de ganadero compitiendo con el toro en sus campos marismeños que ahora sienten la soledad de su ausencia y renuncian a la primavera para vestir de luto por él.

Alejandro ve la gallarda figura del ganadero galopando hacia el cielo, donde pide a los ángeles que le reciban convertidos en gañanes para que se sienta como en la tierra que él tanto amó. La muerte de Fernando quiebra el misterio de los embrujamientos a los que era tan aficionado y sólo queda de él el recuerdo de su figura valiente e impetuosa y el eco de sus versos prendidos a las espigas tristes.

En este diálogo con el amigo, Alejandro le habla con su mismo lenguaje. Es el homenaje a su estilo llano en el que la palabra recoge la fuerza del espíritu que inspiró el poema.

NOTA A LA SEGUNDA PARTE

1. "Tirar" con respecto a "caer" están en la misma relación que "escuchar" con relación a "oir". Este último supone el resultado de la acción expresada en el primero; pero hay zonas en las que ambos verbos se emplean indistintamente en ciertas ocasiones. No es raro oir a un sevillano la expresión "voy a escuchar misa" por "voy a oir misa".

Me remito, con respecto a esta particularidad, al profesor Lamíquiz. "A veces, —dice—, el funcionamiento morfosintáctico verbal quedará supeditado al valor semántico del lexema verbal [...]. Otras veces, será la semántica del lexema verbal la que condicione la construcción formal correspondiente a la táctica combinatoria morfosintáctica [...].

"La interrelación como concepto general —continúa diciendo— podrá llegar a convertirse en fuerte interdependencia cuando el valor semántico proponga la aparición de un valor verbal, o inversamente [...], o incluso obligue al necesario empleo de un elemento funcional [...]. (Vidal Lamíquiz, *Morfosintaxis estructural del verbo español*. Manuales Universitarios. Publicaciones de la Universidad de Sevilla. Sevilla, 1972, pág. 103).

CAPITULO FINAL: RESUMEN

Alejandro Collantes de Terán nació en diciembre de 1901 y murió en junio de 1933; no llegó, por tanto, a cumplir los treinta y dos años, pero en tan corta existencia hizo mucho. Su espíritu inquieto le permitió ser un hombre de grandes curiosidades y cumplidor de las empresas en las que comprometía su entusiasmo.

Desde que en 1918 se dio a conocer en el mundo de las letras con un artículo periodístico, trabajó por mantener el nombre de Sevilla dentro del panorama cultural español. Como Joaquín Romero Murube, había aprendido de su maestro José María Izquierdo la lección del amor a la tierra natal.

Poniendo en práctica esta lección y las enseñanzas de don Joaquín Hazañas, don Francisco Murillo, don Celestino López Martínez, y del grupo de estudiosos que componían en aquellos años el Laboratorio de Arte de la Universidad, se dedicó al estudio de la tradición artística sevillana, y publicó los frutos de sus investigaciones en «El Noticiero Sevillano» y en «ABC», entre otros periódicos. Pero como logró su propósito de hacer brillar el nombre de Sevilla fue por medio de la creación poética. Sus primeros versos fueron apasionadas declaraciones becquerianas con alguna exaltación modernista. Pasada la fiebre romántica de la adolescencia, el contacto con el ambiente universitario transforma su concepción de la poesía, que toma un rumbo nuevo, más en la corriente de la moda. Maduraba aún las enseñanzas recibidas de Pedro Salinas cuando comenzó a conocer la creación reciente de los demás poetas de la generación del «27». Muy pronto demostró su adhesión a los ideales de renovación estética, pero el afán innovador de las nuevas corrientes apenas penetró en el proceso de elaboración de su estilo personal, gracias a «la admirable aptitud que tenía para no cegarse ante la hechicera novedad, hasta desvirtuarla con fanáticas sobreestimaciones». [1]

El entendía la renovación como depuración de la palabra poética y vuelta a las formas y temas tradicionales. *Versos* y los poemas publicados en «Mediodía» son el resultado de esta concepción de la poesía. Con ellos se adscribió a la vertiente neopopularista que Alberti y Lorca, fundamentalmente, representaban entonces en la generación. En la poesía de los tres late el ritmo airoso del cante y el baile con duende de Andalucía. Los tres se inspiraron en la Andalucía colorista, sensual y luminosa, tal como aparecía en las traducciones de los poetas arábigo-andaluces de García Gómez, y en una interpretación de los sevillanos de los Siglos de Oro. Pero la Andalucía de Alejandro fue casi exclusivamente Sevilla. No podía ser de otra manera, ya que vivió dedicado a ella en cuerpo y alma; y aclaro que esta frase la empleo aquí en su sentido más puramente material. Fueron contadas las ocasiones en que Alejandro abandonó la ciudad, siempre por períodos de tiempo breves y por causas concretas y señaladas. [2] Y esta permanencia continuada en un mismo contorno geográfico habría de condicionar su sensibilidad poética y su visión de la realidad. En él encontró Alejandro la fuente de sus asuntos poéticos, que trato de enumerar a continuación.

1. Porlán, Rafael. *Luz y sombra de Alejandro Collantes* en Poesías..., op. cit., pág. 41.

2. El viaje de bodas, durante el cual el matrimonio visitó Madrid, Córdoba, Málaga, Granada y Cádiz, entre otras ciudades andaluzas. Según información de don Carlos García Fernández, el poeta hizo un viaje a Murcia invitado por el secretario del Ayuntamiento de esa ciudad, Juan Guerrero, director de la revista literaria "Verso y Prosa".

En 1930, con motivo de la inauguración de la línea aérea Sevilla-Granada, realizó un vuelo en un trimotor Junkers. Le acompañaban Mergelina, Juan Sierra, José María del Rey y Romero Murube. Alejandro escribió sus impresiones en "ABC". (*Fin de los patios*, 9 de octubre de 1930).

LOS ASUNTOS POETICOS

I. El paisaje

Es, sin duda alguna, tema principal de la poesía de Alejandro. Digo tema porque está tratado como verdadero protagonista en el conjunto de su obra. No es simple motivo de fondo, sino entidad con vida propia dentro de la que existen la realidad humana y sus circunstancias. Esta afirmación es válida tanto para la ciudad como para los pueblos, los dos paisajes no del todo diferentes que estimularon su capacidad creadora. Ambos presentan las notas comunes de armonía, belleza, luz y colorido, en forma que recuerdan la interpretación de Andalucía de Fernando Villalón. Pero presentan también las peculiaridades propias de su distinta naturaleza. Señalémoslos separadamente comenzando por la ciudad.

Sevilla

La Sevilla de la poesía de Alejandro es una ciudad alegre, luminosa, primaveral y festiva. Es la Sevilla de abril y mayo, de las Cruces y de la Feria. Un olor a azahar perfuma sus calles y plazas, cubiertas por un cielo azul de mediodía, y coloreadas por begonias y claveles de las macetas que lucen en las ventanas. El tono que la define es, sobre todo, el naranja. Sólo por las «naranjas» y los «naranjales» podríamos identificar a la ciudad en el paisaje de un poema. Lorca la había visto también de este color.

En algunos momentos es una Sevilla callada y recóndita: la de los compases de los conventos y los atardeceres con frescura de surtidores y olor a jazmines; pero igualmente luminosa y viva.

Los pueblos

Los pueblos sevillanos de Alejandro son como prolongaciones de la luz y alegría de la ciudad. Pero la luz resulta más implacable con ellas. Sus campos —Los Palacios, Dos Hermanas— son llanuras amarillas agobiadas bajo el peso del sol de mediodía, en las que destaca la punzante figura de una torre o la espadaña de una ermita —Utrera, Alcalá—. La vida se refugia bajo la sombra de sus casas blancas para dormir el letargo de la siesta hasta el atardecer.

Diríase que en estos pueblos la luz es fuente y razón de vida; y esta luz de la tierra da transparencia al verso de Alejandro como la dio al de Alberti, sólo que en este último se fundían la luz del cielo y la del mar.

Pero hay un tercer paisaje, fundamental, que no he mencionado hasta ahora:

La Huerta

Me refiero a la «Huerta de las Mercedes», en Dos Hermanas, donde Alejandro pasaba las vacaciones con la familia. Fue siempre su lugar preferido de recreo y descanso. Allí sintió por vez primera la emoción del contacto directo con la naturaleza, conoció la dicha de descubrir la palpitación casi humana del árbol, de la flor, del agua, y aprendió a dialogar con ellos. Allí aprendió también a meditar y a observar. Allí, en fin, supo lo que era un paisaje.

Pero en la huerta el poeta volvía a encontrarse con la ciudad: con el aroma del azahar y los jazmines, con el color de los naranjos, con la quietud de los jardines, y con el rumor de las fuentes sevillanas en el limpio discurrir del agua a la hora del riego. En la huerta revivía la Sevilla de sus largos paseos por Santa Cruz, Santa Clara o San Lorenzo. Ella fue su refugio para soñar y confidente de la secreta nostalgia de su corazón enamorado. Y lo que esta naturaleza serena y armoniosa ofrecía ante sus ojos avivaba la gracia de su percepción sensitiva.

II. Las gentes

Cuando Alejandro se ocupa del personaje humano su verso adquiere una dimensión nueva, pero no distinta, por cuanto es resultado de la intensificación del mismo sentimiento que le mueve a cantar al paisaje: el amor. Alejandro fue un fino espíritu sevillano enamorado de su tierra y de su gente sencilla, honrada y trabajadora, que olvida con pequeñas satisfacciones la monotonía de los días iguales. En este sentido apenas se diferencian el ritmo de vida en la ciudad y en el pueblo, si bien en aquélla es más apresurado. Quizá donde mejor se observe esta distinción sea en los poemas Dos Hermanas y Valme o en cualquiera de las descripciones de la huerta, estableciendo comparación con la serie Colegio de Poesías, por ejemplo.

Dentro de la colectividad de tipos populares es la mujer el más representativo y frecuente. Los retratos de mujer de Alejandro son el arquetipo de la «mocita» sevillana. Muchos de los poemas dedicados a amigas, incluso a la misma María Teresa, son panegíricos en honor a su belleza, que se resuelven en delicados piropos. De ciudad o de pueblo, la mocita sevillana es honesta, primorosa en las faenas caseras, la más alegre en las fiestas, donde luce la gracia de su cuerpo entre aleteos de volantes y flecos. Pero, ante todo, la mujer sevillana es bondadosa y guapa. Si acaso existe alguna diferencia entre la de ciudad y la de pueblo, es que en ésta la alegría aparece a veces velada por la tristeza de una vida monótona y solitaria. Pero ambas viven soñando con el galán que las corteje.

III. Escenas de costumbre

En la pintura de escenas costumbristas es donde tal vez se hace más patente la capacidad observadora del poeta. El conoció muy bien el carácter de su raza porque convivió estrechamente con los que a través de un estudio cuidadoso pasarían después a sus libros. Y el pueblo se vio retratado en ellos, porque Alejandro los convirtió en asunto poético de una manera clara e inmediata.

Tres son las escenas en las que cristaliza la expresión del costumbrismo popular:

El diálogo de enamorados

Cuando el poeta transcribe las palabras de la enamorada que habla en la reja, por carta o en la puerta de casa, demuestra conocer muy a fondo la sicología femenina. La actitud de la mocita frente al galán es siempre la de espera, y es ella al cabo la que mueve los hilos invisibles que lo atraen hacia sí adoptando en cada caso el comportamiento más conveniente: sentimental, picarón, atrevido, ingenuo o dulce.

El galán es exigente, presumido incluso, pero siempre cortés, y acaba enamorándose porque aprecia las virtudes de la joven por encima de sus cualidades físicas; el amor, puro y purificador, es la fuente de la verdadera belleza.

La rueda

En las calles y plazas de Sevilla o de sus pueblos hay siempre corros de niños que cantan romances o canciones de rueda tradicionales. Con ello incorpora Alejandro al verso el elemento popular de la poesía tradicional con una técnica similar a la de los romancillos y letrillas lorquianas y a las retahilas de Al-

berti. Se esmera en pintar las figuras de estos niños con delicadeza, y logra captar la espontaneidad traviesa de sus juegos,
de tal manera que no sólo percibe la pieza folklórica, sino también la gracia de quienes la cantan.

Las fiestas populares

Los poemas dedicados a la descripción de festejos populares son pequeños cuadros costumbristas en los que destacan sobre cualquier otro elemento la luz y el colorido. Son escenas
de feria, cruces de mayo o romerías, en las que se mezclan el
fervor religioso con la sana alegría y apariencia profana.

También en esta interpretación folklórica de lo religioso
Alejandro tiene ciertas coincidencias con Lorca y Alberti, aunque, desde luego, Alejandro es mucho más comedido en la forma de incorporar estos temas a la poesía, porque utiliza los motivos dentro de unos límites más estrechos que los otros. Si
acaso, el ejemplo más atrevido esté en el poema *La niña de
Sevilla,* en el que la figura de San Rafael tiene el aire apuesto
de torerillo gitano con que Lorca describió al arcángel San
Gabriel.

EL ESTILO

En tres palabras podría definirse el sentido poético de Alejandro: sencillez, claridad y gracia. Su verso es sencillo en la
elaboración y de fácil comprensión; tiene el tono adecuado para
cantar los sentimientos elementales, los pequeños detalles, los
objetos que rodean la realidad cotidiana de la gente que vive
sin complejidad; el tono de la conversación cordial de las palabras dichas en voz baja, con naturalidad y con emoción si
cabe.

Con la claridad quiso reflejar la concepción de la tierra. No hay metáforas intelectuales, ni retorcimientos sintácticos cultistas, ni rebuscamiento léxico. El verso fluye con una ordenación lineal de pensamiento, sin rupturas bruscas, en frases cortas, pretendiendo con frecuencia lograr una técnica impresionista. De ahí también el equilibrio, la serenidad de sus poemas, aprendida en los cancioneros tradicionales, en las enseñanzas de Salinas y en las lecturas de Lorca y Alberti, volviendo a lo que para él son las fuentes primeras y no pretendiendo emular en novedad.

Y por último, la gracia es el toque final que distingue la obra del poeta andaluz, en este caso sevillano, y que salta misteriosamente en la palabra sola, en la imagen, en el diálogo. Alejandro tiene esa chispa luminosa de la gracia cuando versifica en metros breves (el octosílabo es el que más emplea), cuando compone con el ritmo de la soleá, de la seguidilla o de la nana, de las tonadas o de las monótonas retahilas infantiles. En los poemas breves, que más se justifican por el acierto de la pincelada que por su mínimo contenido, es donde se pone de manifiesto esta facilidad de la gracia para la creación. El verso atrae entonces por la agilidad y la soltura de su ritmo, y éste no se pierde aún en la sonoridad más efectista de los poemas modernistas con sus eneasílabos y endecasílabos. «El calificativo que más definitivamente nos entrega la lírica de Collantes —opina Ruiz-Copete— es «garbo». Garbo, desde luego, en la significación exacta que le da Dámaso Alonso, esto es, «elegancia animada de fuerte vitalidad». [3]

He señalado a lo largo de este resumen algunos puntos de contacto entre la poesía de Alejandro y la de Lorca y Alberti. Hay, sin embargo, diferencias esenciales. Mientras la poesía de Lorca se oscureció a veces por el signo de la tragedia del pueblo, la de Alberti de estos años y la de Alejandro mantuvieron

---

3. Ruiz-Copete, op. cit., pág. 147. Cita a Dámaso Alonso, *Poetas españoles contemporáneos*, ed. Gredos; Madrid, 1965, tercera ed., pág. 50.

siempre la diafanidad de la luz que hacía del verso un brote de alegría serena y equilibrada aun en los momentos más jubilosos. Pero además, en la poesía de Alejandro está latente la finura nostálgica del espíritu sevillano, y esto le distancia de Alberti. El neopopularismo de Alberti es «esencialmente estético, artístico [...] ; el de Collantes, sin dejar a veces de ser estético, artístico, es intimista casi siempre». [4] Alejandro sentía Sevilla hacia dentro, como Izquierdo y Romero Murube, como también hondamente sentía Villalón el misterio de los campos marismeños. Consagró toda su obra a Sevilla. Y con los calificativos de neopopularista y localista pasó a las páginas de la historia de la literatura.

Su temprana muerte plantea una interrogante sobre el alcance de la capacidad creadora de este sevillano afable, pacífico, alegre y de ingenuidad casi infantil, de este «giraldillo de la gracia», como Antonio Marichalar lo llamó. [5] Vivió durante la época aséptica de su generación, pero tal vez a partir de 1930 se hubiera desviado hacia nuevos derroteros, como ocurrió con otros escritores de su tiempo. Queda la duda de si hubiese podido seguir manteniendo este tono de vida feliz y cerrada sobre sus limitaciones.

No obstante, su dedicación, tantas veces probada, a la tierra dice mucho. Gracias a ella fue posible el fenómeno de «Mediodía», por el que Sevilla alcanza definitivamente relieve más allá de sus fronteras en el panorama poético del momento. Pero a nivel individual Alejandro no se salvó de caer en el peligro de la limitación que toda consagración absoluta a un tema encierra, y ello le alejó de los ideales de universalidad que como fundador de la revista preconizaba. Fue quizá en este aspecto el que menos se ciñó a las exigencias que el grupo se impuso. Sevilla fue «su total universo», como dice Pemán, [6] y es justo

---

4. García-Posada, Miguel. *Alejandro Collantes de Terán (1901-1933).* 'ABC", 7 de octubre de 1966.

5. Marichalar, Antonio. *Memoria* en *Poesías...,* op. cit., pág. 32.

6. Pemán, José María. *A Alejandro Collantes* en *Poesías...,* op. cit., pág. 39.

reconocer en esta actitud el valor de la sinceridad en la expresión de tan nobles sentimientos hacia la ciudad natal. Sin embargo —lo apunta Ruiz - Copete—, «la intención poética, que pudo haber sido de largo alcance, se vio lastrada en exceso por su voluntaria adscripción a estos contornos. Voluntaria pero de la que quizá él no fuera del todo responsable, impulsándole a ello el determinismo inalienable de una vertiente humana enteramente relacionada con Sevilla». [7] Tal vez la explicación última esté en estas palabras de Romero Murube, que compartió con él parecidos menesteres: «Hay muchas gentes —escribe— que le censuran a uno esta dedicación exclusiva a los temas sevillanos. Desconocen los que tal hacen, que una ciudad puede ser, además de un conjunto o realidad material e histórica, una mujer, una cultura, un misterio, algo intangible e infinito. Y si esto es limitación, yo acepto muy de grado el ser infinitamente prisionero de la dulce hondura clara de Sevilla». [8]

---

7. Ruiz - Copete, Juan de Dios. Op. cit., pág. 148.

8. Romero Murube, Joaquín. *Memoriales y Divagaciones*. Op. cit., pág. 9.

APÉNDICES

APPENDICES

I. DESCRIPCIÓN Y PORCENTAJES MÉTRICOS Y ESTRÓFICOS DE LOS POEMAS ESTUDIADOS

VERSOS

LA OFRENDA DE LAS DOS ALAS

Dos quintillas, la segunda con un verso más de pie quebrado.

LA CANCION DEL VERSO DESPRECIADO

Dieciocho versos polimétricos dispuestos en dos unidades de diez y ocho con asonancia en los pares.

CARTAS DE NOVIAS

Veinticuatro versos polimétricos que constituyen sucesivamente dos unidades de seis y tres versos, un tercetillo asonantado, dos unidades de dos y cuatro versos, una cuarteta asonantada y una unidad de dos versos.

BESOS EN LA GIRALDA

Catorce versos polimétricos ordenados en tres unidades de tres, seis y cinco.

LA CANCION MAS HONDA

Treinta y dos versos octosílabos agrupados en una redondilla y cuatro unidades, con los siguientes esquemas de rima: *ABBA / CDDEC / EEFFABBA / IJKJKI / I L LL LL L ABBA.*

BANDERA DE ANDALUCÍA

Siete tercetillos de rima asonante independiente, cuatro de versos octosílabos y los restantes polimétricos.

Dos Hermanas

Cincuenta y nueve versos octosílabos ordenados en quince estrofas que son sucesivamente: una cuarteta, dos redondillas, una quintilla, cuatro redondillas, una cuarteta, un pareado, una cuarteta, tres redondillas y una cuarteta.

Alcalá de Guadaira

Veintiséis versos dispuestos en seis estrofas. Primera y tercera son quintillas de rima alterna; las restantes son: un tercetillo asonantado, una cuarteta asonantada y una seguidilla gitana.

Camino lleno de luna

Veintiún versos pentasílabos, menos un tetrasílabo, distribuidos en cuatro unidades de seis, seis, cuatro y cinco versos. Hay una rima asonante que enlaza los versos 2 y 4 de la primera unidad y a partir de la segunda se traslada a los impares.

Canción de Noria

Ocho redondillas de versos octosílabos, a excepción de los que cierran la primera, segunda y última, que cuentan dos, tres y tres sílabas.

Lamentación

Once versos heptasílabos ordenados en dos unidades de seis y cinco, cada una con rima consonante propia, la primera en los versos pares y la segunda en los impares.

El álamo

Veintidós versos octosílabos. Forman un tercetillo asonantado, una unidad de cinco versos, cuatro tercetillos asonantados y dos versos aislados.

Canción de rueda

Seis cuartetas hexasílabas; de rima llana las dos primeras y las demás, aguda.

Ronda

Romance de dieciocho versos octosílabos dispuestos en tres unidades, las dos primeras de cuatro versos.

Pinares

Romance de dieciséis versos octosílabos agrupados en tres unidades de ocho, seis y dos.

El forastero

Seis tercetillos octosílabos de rima asonante independiente, más dos versos, de los cuales, el primero queda libre y el segundo continúa la rima del último tercetillo.

CUANDO TÚ QUIERES

Silva arromanzada de dieciséis versos.

DALIA DE LUZ

Once versos octosílabos. Forman un tercetillo, una unidad de cinco versos y un tercetillo. Hay una rima asonante que en la unidad está en los versos pares.

RETRATO

Seguidilla compuesta precedida de un tercetillo asonantado que constituye una soleá.

VALME

Trece versos octosílabos con rima asonante en los impares.

FERIA

Romance de veintiséis versos octosílabos dispuestos en unidades de dos, dieciséis, cuatro, uno y tres versos.

EL POEMA DE LOS CASCABELES

Noventa y siete versos distribuidos en tres partes. La primera, de dieciséis versos que forman dos unidades, cuyos esquemas de rima son: *7A 7B 7B 7A 8B 5C 9D 9D 8C / 5A 5A 5A 5B 5A 5B 8C 8A 8C*. La segunda parte consta de seis unidades de doce, cuatro, cinco, siete, cinco y cuatro versos eneasílabos, salvo tres endecasílabos. Atendiendo a la rima, sin tener en cuenta la disposición gráfica ni sintáctica de los versos, éstos constituyen ocho serventesios y un quinteto. La tercera parte es un romance de cuarenta y dos versos octosílabos agrupados en seis unidades: la segunda, tercera, cuarta y sexta, de cuatro versos; la primera, de doce, y la quinta, de catorce.

«MEDIODIA»

RONDEL DE DON PRESUMIDO

Romance de veinte versos octosílabos dispuestos en unidades de cuatro, seis y diez.

COLEGIO

Romance de treinta y siete versos octosílabos ordenados en seis unidades, de las cuales, la primera y quinta tienen ocho versos; la sexta, nueve, y las restantes, cuatro.

ANGEL

Veintidós versos polimétricos distribuidos en cuatro unidades de ocho, ocho, dos y cuatro. Una rima aguda y otra esdrújula, ambas asonantes, alternan con cierta regularidad.

LA HUERTA DEL REY

Romance de cuarenta y dos versos octosílabos agrupados en siete unidades de seis versos.

RUEDA DE ABRIL

Treinta y nueve versos polimétricos. Forman: dos unidades de cuatro versos, un tercetillo asonantado, cuatro unidades de dos, cuatro, cuatro y siete versos, un tercetillo asonantado, una cuarteta asonantada, y una unidad de cuatro versos.

MIRA

Cuatro redondillas de versos octosílabos con rima independiente.

VALERY LARBAUD

Romance de veintiocho versos ordenados en siete unidades de cuatro. Los tres primeros versos de cada una son eneasílabos y el último, octosílabo.

A UN PINTOR

Soneto.

ERRATA

Dieciséis versos polimétricos agrupados en unidades de cuatro con rima asonante en los pares.

TOCADO (...BAILADO Y CALLADO)

Cuatro cuartetas asonantadas de versos octosílabos.

LA TARDE

Nueve versos polimétricos libres ordenados en unidades de dos, excepto la última, que tiene tres.

FUGA

Nueve versos octosílabos dispuestos en unidades de tres. Una rima asonante enlaza los versos 2 y 3 de cada unidad.

CANCIÓN PARA LEER

Diez versos polimétricos agrupados en dos unidades, cuyos esquemas son: 8A 8B 8A 8B 6B 6A / 8A 8B 7B 2A.

NANA MAYOR

Diecisiete versos polimétricos distribuidos en cuatro unidades de uno, cuatro, cinco y siete. Hay una rima asonante sin posición fija.

UN VERDÓN

Ocho versos polimétricos con rima asonante pareada.

UTRERA

Quince versos polimétricos ordenados en unidades de seis, cinco y cuatro, enlazados por una rima asonante sin posición fija.

CANTE DEL PURGATORIO

Doce versos polimétricos dispuestos en unidades de tres, tres y seis. Hay una rima asonante llana cada tres versos.

VINO

Treinta y tres versos polimétricos libres agrupados en seis unidades de cuatro, diez, tres, seis, siete y tres versos sucesivamente.

HINIESTA

Veinticuatro versos polimétricos libres distribuidos en cuatro unidades de ocho, cuatro, once y cuatro.

VENDAVAL

Diecinueve versos endecasílabos libres ordenados en tres unidades de ocho, siete y cuatro.

LA CORREDURIA DE SEVILLA

Ocho serventesios.

ROMANCILLO DE LA PUREZA

Romance de cien versos heptasílabos dispuestos en unidades de doce, exceptuando la de cierre, que tiene diecisiete. Hay una sola asonancia.

POESIAS

LETANÍA DE LOS PALACIOS

Romance de veintiséis versos octosílabos agrupados de dos en dos.

COPLA DESPIERTA

Romance de veintidós versos heptasílabos distribuidos en cuatro unidades: la tercera, de cuatro versos, y las demás, de seis.

CANCIÓN MECIDA

Cinco tercetos encadenados más un serventesio.

¡AY, PANADERA!

Quince versos polimétricos que forman: una unidad heterométrica con esquema de rima de la quintilla, una cuarteta, y dos unidades de uno y cinco versos que juntas componen el esquema de rima de dos tercetillos encadenados.

LAS SIETE Y LAS OCHO

Dieciséis versos hexasílabos ordenados en tres unidades de cuatro, nueve y trece. Una rima asonante llana aparece ya en los versos pares, ya en los impares.

LAS NUEVE

Diez versos octosílabos que constituyen una sextilla alterna y una unidad de cuatro versos.

LAS DIEZ

Romance de veintinueve versos hexasílabos dispuestos en cuatro unidades de ocho, doce, cuatro y cinco versos.

LAS ONCE

Veinte versos octosílabos distribuidos en cuatro unidades de igual número de versos. Hay tres rimas asonantes, dos agudas y otra llana, repartidas irregularmente.

LAS DOCE

Seis cuartetas asonantadas de versos octosílabos con rima aguda.

TONADA DEL ANILLO

Doce versos polimétricos ordenados en dos unidades cuyos esquemas de rima semilibre son: $a - a\ b - b\ /\ -a - a - a$.

LA NIÑA BONITA

Romance de treinta y dos versos hexasílabos agrupados en cuatro unidades de igual número de versos.

REGALO Y AMOR

Romance de treinta y tres versos octosílabos dispuestos en tres unidades de ocho, tras cada una de las cuales sigue un tercetillo asonantado de versos

PANDERO

Romance de treinta y dos versos heptasílabos, exceptuando el verso 18, de cinco sílabas. Se ordenan en tres unidades de dieciocho, seis y ocho.

NANA

Tres seguidillas con rima independiente.

EL PUESTO DE LOS PÁJAROS

Veintiún versos polimétricos agrupados en unidades de cuatro, nueve, siete, cinco y cuatro sucesivamente. Hay varias rimas asonantadas distribuidas sin rigor esquemático.

LA NIÑA DE SEVILLA

Sesenta y dos versos polimétricos. Forman: una seguidilla, tres unidades de siete, seis y ocho versos, una seguidilla, una unidad de cuatro versos, una cuarteta asonantada, un tercetillo asonantado, dos unidades de cuatro y seis versos, una cuarteta asonantada y dos seguidillas. Las cuartetas y los tercetillos son de versos octosílabos.

CINCO AÑOS

Romance de veinticuatro versos octosílabos dispuestos en tres unidades de seis, seis y cuatro. Tras cada una de las dos primeras, a manera de estribillo, van dos versos de una canción que cierra el poema.

ENTIERRO DEL SEÑOR PEZ

Veintiocho versos polimétricos ordenados en siete unidades de seis, uno, cuatro, tres, dos, uno y cinco versos sucesivamente. Hay una sola rima asonante que recae con cierta regularidad en los versos pares.

FÁBULA DE REGADÍO

Dieciocho versos octosílabos, menos el segundo y el tercero, que son bisílabos. Atendiendo sólo al esquema de rima forman seis tercetillos asonantados independientes.

TREN

Ocho versos que forman una unidad de cuatro versos polimétricos con rima asonante en los pares, y una cuarteta.

ROMERÍA

Quince versos polimétricos agrupados en siete unidades de dos, salvo la quinta, que tiene tres. La rima es asonante en los pares, si bien en la unidad de tres versos sólo el último lleva asonancia.

MISA DE ALBA

Romance de ocho versos octosílabos distribuidos en dos unidades de seis y dos.

JARDINERO

Dos tercetillos con rima asonante independiente. Exceptuando el primer verso del segundo, que cuenta seis sílabas, los demás son heptasílabos.

SALIDA DEL TEMA FLOR

Tres cuartetas de versos octosílabos con rima asonante aguda e independiente.

EL POZO SANTO

Treinta y nueve versos octosílabos. Forman cuatro unidades y una redondilla. Las tres primeras unidades tienen siete versos y la cuarta, catorce. He aquí el esquema de rima de la composición: *ABABCCB / ABBACCA / ABABCCB / ABABCCBABBACCA / ABBA.*

EL PASEO DE CRISTINA

Veintinueve versos polimétricos agrupados en tres unidades de cinco, cinco y tres versos, una seguidilla compuesta y una unidad de nueve versos. Las unidades están enlazadas por una rima asonante llana sin posición fija.

FERIA DE 1914

Dos seguidillas compuestas.

ROMANCE DE DON PEDRO EL CRUEL

Romance de sesenta y dos versos octosílabos dispuestos en seis unidades de seis, ocho, doce, veintidós, seis y ocho versos, con una sola asonancia.

EN EL ABANICO DE CARMIÑA

Dieciséis versos octosílabos ordenados en unidades de ocho, cinco y tres. Dejando a un lado estas divisiones, que responden a la ordenación del contenido, se observa cada cuatro versos el esquema de una redondilla con rima independiente.

MÍSTICA

Veinticuatro versos octosílabos distribuidos en tres unidades de cinco, once y ocho. En cuanto al esquema de rima forman seis redondillas con rima independiente.

COSTURERA

Silva de siete versos endecasílabos, exceptuando el primero, que tiene siete sílabas. El esquema de rima es: *ABA—BAB*.

SAN ALEJANDRO

Once versos octosílabos, menos el segundo y el tercero, que tienen cuatro sílabas. Forman: una unidad de cuatro versos en la que aparecen los tres elementos de rima del poema, una quintilla, y una unidad de dos versos que riman respectivamente con los dos últimos de la quintilla.

COPLILLAS DE SANLÚCAR

Cuatro cuartetas asonantadas de versos octosílabos.

ESCALÓN DE HERRERA

Soneto.

EL AGUA DE IRÁS Y NO VOLVERÁS

Treinta y dos versos octosílabos libres agrupados en ocho unidades de cuatro.

COPLAS DE SANLÚCAR

Seis décimas espinelas, cada una seguida de una quintilla.

MARÍA CORAL

Cuatro cuartetas asonantadas de versos octosílabos con rima independiente.

LA SAETA DEL BUEN EGOÍSMO

Dieciocho versos polimétricos ordenados en cuatro unidades: la primera y la última, de cuatro versos, y las centrales, de cinco. Atendiendo exclusivamente al esquema de rima se observan tres serventesios, un pareado y un serventesio.

CONSAGRACIÓN

Doce versos eneasílabos, menos el octavo, que cuenta diez sílabas. En cuanto a la rima constituyen dos serventesios y un cuarteto.

DESEOS

Catorce versos polimétricos distribuidos en tres unidades de cuatro, cuatro y seis, con los siguientes esquemas de rima independiente: *ABAB / ABAB / AABCBC*.

QUIERO SENTIR TU VOZ

Silva arromanzada de veinticuatro versos repartidos en unidades de seis, ocho, cuatro y seis.

RECUERDO AL VIENTO

Soneto formado por dos serventesios y dos tercetos.

RESPONSO

Siete cuartetas asonantadas de versos octosílabos con una sola rima.

2. TIPOS DE METROS Y PORCENTAJES DE FRECUENCIA

	N.º de poemas	N.º de versos	Sílabas													
			2	3	4	5	6	7	8	9	10	11	12	13	14	16
Versos	22	542	0'18	0'92	0'36	8'11	7'56	6'27	65'49	7'93	0'92	2'21				
«Mediodía»	20	409	0'97	2'22	2'68	7'82	6'13	9'29	45'96	7'33	0'97	12'22	0'48	1'46	1'95	0'24
La Correduría de Sevilla	1	32							100							
Romancillo de la Pureza	1	100						100								
Poesías	43	992	0'20	0'80	0'80	9'97	8'93	12'29	56'95	1'91	0'91	6'95	0'20	0'10		
TOTAL	87	2.075	0'30	1'06	1'01	8'43	7'42	14'16	54'9	4'43	0'86	6'30	0'19	0'33	0'39	0'04

3. TIPOS DE ESTROFAS Y PORCENTAJES DE FRECUENCIA

COMBINACIONES DE SERIES NO ESTRÓFICAS Y PORCENTAJES DE FRECUENCIA

	N.º de versos que forman estrofa	N.º de estrofas	soneto	décima espinela	sextilla	quintilla	serventesio	redondilla	cuarteta	cuarteta asonantada	seguidilla	seguidilla compuesta	seguidilla gitana	terceto	tercerillo asonantado	pareado	N.º de versos que forman combinaciones de series no estróficas	Silva	Romance
Versos	207 (35'97 %)	61				8'19		29,5	16'39	3'27		1'63	1'63		3'77	1'63	14'02	2'95	11'07
«Mediodía»	56 (13'68 %)	12	8'3					33'3		41'6					16'6		31'05		31'05
La Correduría de Sevilla	32 (100 %)	8					100												
Romancillo de la Pureza																	100		100
Poesías	314 (31'65 %)	66	3'03	9'09	1'5	10'6	1'5	1'5	3'03	39'39	10'6	4'54		7'57	7'57		30'12	3'12	27
TOTAL	609 (181'20 %)	147	11'33	9'09	1'5	18'79	101'5	64'3	19'42	84'26	10'6	6'17	1'63	7'57	61'87	1'63	175'19	6'07	169'12

II. NOTICIA DE LA OBRA EDITADA EN PROSA Y DE LA OBRA INEDITA EN VERSO Y EN PROSA

I. OBRA EDITADA EN PROSA

I. NOVELA

LA PLAZA DE DOÑA ELVIRA

(Colección "La Novela del Día", n.º 28; Sevilla, marzo 1924). Novela autobiográfica. Su protagonista, el joven estudiante Eloy, pasea a diario por el barrio de Santa Cruz su tristeza de enamorado no correspondido, hasta llegar a la plaza de Doña Elvira, donde pasa las horas mirando hacia el balcón de Margarita (María Teresa Sebastián). En el prólogo, para alejar sospechas ante la familia de María Teresa, Alejandro se atribuye exclusivamente la publicación de unas "cuartillas" escritas por un amigo que marchó al norte.

A SU IMAGEN Y SEMEJANZA

(Colección "La Novela del Día", n.º 56; Sevilla, noviembre 1924). Novela autobiográfica. Cuenta la historia de María Luisa, que, apartada por su madre de su primer amor, Juan Ramón, joven aficionado a la literatura, acaba olvidándole y casa años más tarde con Pablo Gallardo, rico hacendado vicioso y pendenciero que termina suicidándose. Alejandro la escribió para hacerla llegar hasta María Teresa que se encontraba fuera de Sevilla. Le advertía en ella de cuál podía ser el rumbo de su vida si no se decidía a aceptar pronto su amor sincero. La dedicatoria dice: "A María Luisa Argüelles, a Juan Ramón Alba, a Pablo Gallardo, mis muñecos favoritos, que tienen en el mundo otros nombres". Estos nombres eran los de María Teresa, Juan Sierra y Pablo Sebastián.

La novela lleva un prólogo de Pablo de Répide en el que elogia el dramatismo y la humanidad de los personajes, y la habilidad del autor para vestir la realidad de apariencia tan verosímil como transparente. "*A su imagen y semejanza* —escribe— es el allegro sinfónico después del gracioso andante de su otra obra *La Plaza de Doña Elvira"*. Y al comentar la alegría y la gracia del estilo de Alejandro, las atribuía a que su pluma había sabido captar el ritmo interior de Sevilla: "Alejandro posee, a más del hondo sentido estético de la ciudad, la cualidad creadora que le permite infundir el soplo vital en las criaturas que forja y que no diremos inventa porque no contamos bien más que nuestros sentimientos, y no damos una emoción patética si no es con nuestros propios dolores, ya que no hay novela estimable si no cruza por ella lo que antes ha pasado por nuestra retina o por nuestro espíritu".

El milagro de San Martinho

(Colección "La Novela del Día", n.º 70; Sevilla, febrero 1925). Traducción de la novela *A fama de San Martinho,* original del escritor portugués César Frías.

II. TEATRO

Zamorita

Semi-sainete (sic) en un acto, escrito en colaboración con Rafael Gutiérrez-Ravé. Fue publicado por la Sociedad de Autores Españoles en Madrid en 1922, y se estrenó el 4 de enero del mismo año en el Teatro Cervantes de Sevilla. El ejemplar consultado llevaba esta dedicatoria manuscrita de Alejandro para María Teresa: "¿Cómo no me había de acordar de ti en esta hora de triunfo?

"A ti: que vestiste de oro mis primeros y más sentidos versos,

"A ti: porque quizás sonrías con la lectura de esta łarsa (que es una bufonada con que hipócritamente he disfrazado un dolor muy mío que quizás tú no sepas adivinar)

"A ti: (a quien sólo con cariño me puedo dirigir). Cariñosamente te dedica ahora esta pobre obra

Alejandro. Año 1922".

III. OTROS TRABAJOS

Sevilla. Notas de Arte

Colección "Marqués de Aledo", tomo II; Sevilla, mayo de 1932. Guía de Sevilla que une a su interés documental la belleza del estilo literario. No es una simple descripción cuidadosa, históricamente precisa, de la ciudad y sus tesoros artísticos. Sevilla se muestra como algo vivo, cuajado de leyendas y recuerdos. Estas

Alejandro Collantes de Terán

por Pepe Romero Escacena

Portada anterior —de Juan Miguel Sánchez— y posterior de «La Plaza de Doña Elvira»

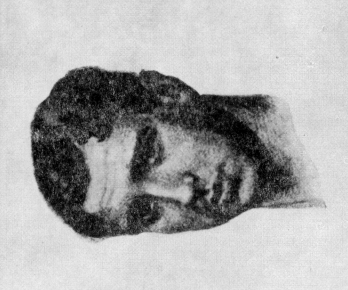

ALEJANDRO COLLANTES DE TERAN

POR JUAN MIGUEL SANCHEZ

Portada anterior — de Pablo Sebastián — y posterior de «A su imagen y semejanza»

Notas de Arte son ante todo una ofrenda de amor a la ciudad natal, y cumplen las condiciones que, según Alejandro, debía reunir una buena guía de Sevilla: "eficacia de orientación", "información verdadera", "amenidad", "arte", "estructura de breviario y tamaño de manual"; "que logre el tono de un tratado de oración y meditación de Sevilla" (1). El penúltimo requisito no se logró con toda exactitud en su caso, pero sí los demás. La encuadernación es esmerada. Las ilustraciones y adornos armonizan con la belleza del contenido. El texto está en español, inglés y francés.

II. OBRA INÉDITA EN VERSO Y PROSA

VERSO

I POESIA

CUADERNILLO MANUSCRITO (1916-1917)

Contiene once poemas de estilo becqueriano y un discurso en prosa sobre la libertad. Los poemas están dedicados a María Teresa Sebastián y a otras amigas. En el prólogo el autor advierte que sus composiciones tienen mérito por estar escritas con la ilusión de agradar a quienes van dedicadas.

DESDE LAS BANCAS

Cuaderno de poesías caballerescas firmadas por Isidoro Valverde y Alejandro que encarnan respectivamente los personajes de Teodomiro el Valiente y Teobaldo de Oniga. Su único autor es Alejandro. Son epístolas en versos octosílabos —cuartetas asonantadas, tercetillos y redondillas— que se intercambian ambos caballeros rivales en el amor por una dama (María Teresa). Por el asunto y el estilo deben ser de hacia 1917.

VERSOS A ELLA (1919)

Manuscrito fechado en Sevilla, de mayo a julio de 1919, y firmado por "Mauricio de Torre-Sacra". Contiene diez poemas amorosos de tono pastoril, caballeresco y becqueriano. Están dedicados a María Teresa.

IDEARIO DE ESTUDIANTES (1917-1919)

Cuaderno manuscrito que contiene cincuenta y cuatro trabajos, veintiséis en prosa y ventiocho en verso, casi todos fechados en 1919. Algunos fueron publicados en "Universidad" y en otras revistas y periódicos desconocidos. Está concebido con cierto orden de libro: los trabajos se agrupan en trece secciones y van precedidos de una larga serie de dedicatorias a las musas inspiradoras, a maestros y amigos, y de un prólogo en el que el autor enjuicia su labor. Aunque el contenido del cuaderno es muy variado, la línea estilística y sentimental es uniforme, de tal manera que dan al cuaderno carácter de diario personal.

VERSOS

Manuscrito sin fecha. Lleva en la portada una ilustración paisajística de estilo cubista. Contiene seis poemas; cuatro fueron publicados en "Mediodía" y tres en *Poesías,* con otros títulos, como puede verse en el índice que transcribo: I.—Un pandero de plata (Pandero, *P,* pág. 99). II.—La Huerta del Rey (*M,* n.º 6, pág. 7 y *P,* pág. 89). III.—Coplas de amigo. IV.—Recta de amor. V.—La mañana madura (Copla despierta, *P,* pág. 61). VI.—Rondelillo (Rondel de don Presumido, *M,* n.º 6, pág. 6 y *P,* pág. 92).

Las páginas correspondientes al poema III faltan. Tal vez fueran publicadas con otro título. El poema IV es un reconocimiento agradecido a la bondad de la amada. Por el contenido y el estilo el cuaderno debe ser cercano a 1926.

II. TEATRO

¡A LOS TÍTERES TOCAN!

Esta obra, subtitulada "Poema de la Serranía en tres actos y en verso", fue compuesta por Alejandro y Fernando Labrador del 4 al 14 de mayo de 1925. Según información de doña Teresa Sebastián, cada cual la escribía por separado y se reunían a cotejar y reformar en el Ateneo. Margarita Xirgu pidió la obra a Alejandro para representarla, pero aún no estaba terminada.

Se trata de un drama cuya acción transcurre en una localidad cercana a Cumbres Mayores, pues en cierto momento se hace alusión a que las muchachas de ese pueblo son incansables en el baile. Los veintitrés personajes que aparecen en la pieza se agrupan en dos bandos: los habitantes de la aldea, que representan la paz, la vida honrada y segura, y los titiriteros, sus antagonistas. Ambos mundos simbolizados en dos mujeres, se enfrentan y hermanan por amor, y al final triunfa el primero con la boda de los protagonistas.

PROSA

I. NOVELA

POR UNA RUBIA

Relato autobiográfico. Bernardo (Alejandro) declara su amor por una joven rubia (María Teresa) y acusa de traición a su amigo Gustavo, que también la pretende. El manuscrito está fechado en 1924 y dedicado "A la simpática María Teresa Sebastián, la más linda de las sevillanas".

II. TEATRO

GODOY

Comedia de enredo matrimonial ambientada en los Siglos de Oro. Está incompleta y no lleva fecha, pero por el estilo de la narración y el diálogo puede suponérsele la fecha aproximada de la novela anterior.

III. OTROS TRABAJOS

DISCURSO

En torno a la libertad, al peligro de su uso indebido, y a las doctrinas que "aparentan servirla", pero que no la respetan y por eso atacan las verdades cristianas: liberalismo, anarquismo, anticlericalismo. Tacha de farsa a la liga Católico-liberal. Alejandro leyó este discurso en un certamen de religión celebrado en el Colegio de Villasís el 25 de marzo de 1916. Está contenido en el primer cuadernillo manuscrito reseñado en la obra inédita en verso.

Del IDEARIO DE ESTUDIANTE

Los veintiséis trabajos en prosa de este cuaderno son crónicas de la vida universitaria, que fueron publicadas en "Universidad", y meditaciones filosóficas y amorosas en forma de cartas. Son de tono romántico becqueriano. Hay también una historia de Esparta interpretada en sentido jocoso, dedicada a don Joaquín Hazañas y La Rúa, profesor de Historia de Alejandro durante el curso 1919-20.

DIVAGANDO POR EL BARRIO DE SANTA CRUZ

Cuaderno manuscrito sin fecha. Contiene datos históricos y apuntes varios, descripciones de monumentos y obras de arte y leyendas de Sevilla, que pasaron a integrarse en las *Notas de Arte* y en artículos de "El Noticiero Sevillano" y "A B C".

LA OBRA LITERARIA DEL PADRE JERÓNIMO DE CÓRDOBA

Trabajo escrito para una conferencia leída en la velada necrológica organizada por los antiguos alumnos calasancios en honor a este religioso, el día 26 de enero de 1933. Fue la última actuación en público de Alejandro. Comienza con un elogio a la personalidad del religioso, conocido en toda Sevilla por su bondad y simpatía. A continuación se detiene en el estudio de su obra, en la que destaca el *Magnus Taurorum Cursus,* descripción en latín de una corrida de toros en Sevilla.

UN POETA DE SEVILLA. EL FÉNIX DE LA EUROPA (mayo 1929)

Estudio de la obra poética de Juan de Salinas, que divide en tres etapas: italianizante, castellana y sevillana. Alejandro ve puntos de contacto entre el misticismo y la sencillez de Salinas y la poesía de Guillén, Lorca, Alberti y otros autores de su momento.

Aquí quedó parado el trabajo con promesa de continuación, pero la "edición de las poesías completas del maestro Juan de Salinas", que "Mediodía" cita (2), no llegó a realizarse.

También quedaron simplemente en proyecto: una refundición del *Arenal de Sevilla* de Lope, el guión de cine *La hija del cielo,* en colaboración con Pablo Sebastián, y una biografía de Pedro Antonio de Alarcón para la colección de Espasa-Calpe "Vidas Españolas del siglo XIX" (3). En mayo de 1933 "El Noticiero Sevillano" publicó un artículo de Alejandro titulado *El final de Norma,* en torno a esta obra de Alarcón. Tal vez formase parte de los apuntes para la proyectada biografía.

NOTAS AL APÉNDICE

1. Collantes. Alejandro. *La Guía de Sevilla.* "El Noticiero Sevillano", 3 de octubre de 1926.
2. *Fichas para una biografía...* nota cit.
3. Idem.

III. DESCRIPCION DE LA BIBLIOGRAFIA DEL AUTOR

ZAMORITA

[Portada]:   Sociedad de autores españoles / Zamorita / Semi - sainete en prosa y en un acto original de / Rafael Gutiérrez - Ravé / y / Alejandro Collantes de Terán / Estrenado en el Teatro Cervantes de Sevilla / la noche del 4 de enero de 1922 / Sevilla / Tipo Giménez y Vacas, sucesores de A. Guerra - Federico de Castro, 16 / 1922.

[24 páginas tamaño media holandesa. Papel satinado. Encuadernación rústica]

LA PLAZA DE DOÑA ELVIRA

[Portada anterior]:   La novela del día / La plaza / de / Doña Elvira / por / Alejandro / Collantes de Terán. [Indicación del precio en un círculo central]: 25 ctms. / [Canastilla de flores de estilo modernista firmada por Juan Miguel Sánchez. Impresión en tinta roja y azul]

[Portada interior]:   La novela del día / Sevilla, marzo 1924 / Oficinas: Gonzalo Bilbao, 11 / Año II / Núm. 28 / 25 cts. / La Plaza de Doña Elvira / Cuento estudiantil / Alejandro Collantes de Terán / Dibujos de Juan Miguel Sánchez / [Ex libris de la colección] / Talleres tipográficos / Viuda de L. Izquierdo. Velázquez, 6. Sevilla.

[Portada posterior]:   [Caricatura del autor en tinta azul, por Pepe Romero Escacena]

[Colofón]:   Me hizo Paco Arévalo en Sevilla.

[28 páginas en octavo menor. Papel couché en las portadas y cícero corriente en páginas interiores. Intercaladas en el texto hay seis ilustraciones de motivos sevillanos, originales de Juan Miguel Sánchez]

A SU IMAGEN Y SEMEJANZA

[Portada anterior]:   La novela del día / 25 cts. / [Dibujo modernista: dos rostros de mujer entre motivos florales] / A su imagen / y semejanza / Por A. Collantes / de Terán: Prólogo / de / Pedro de Répide. / [Firma del autor de la portada y fecha]: Pablo Sebastián — XXIV. [Tirada a tinta bicolor]

[Portada interior]:   La novela del día / Sevilla, 15 de noviembre de 1924 / Director: José Andrés Vázquez, / Año II / Núm. 56 / 25 cts. / Alejandro Collantes de Terán / A su imagen y semejanza / Prólogo de Pedro de Répide / Dibujos de Pablo Sebastián / [Ex libris de la colección] / Oficinas y talleres: / Casa Velázquez — Sección de Ediciones — Velázquez, 6 / Sevilla.

[Portada posterior]:   [Retrato del autor por Juan Miguel Sánchez].

[29 páginas, del mismo tamaño y clase de papel que la novela anterior. Tiene dos ilustraciones: en la pág. 7, figura de mujer con mantilla en forma de A mayúscula. Lleva al pie la firma de su autor. En la última pág., cuatro figuras con las manos unidas sobre fondo de jardín]

VERSOS

[Portada]:   Alejandro Collantes de Terán / Versos / [Medallón con dama romántica, a cuyos laterales se distribuyen los números de la fecha de edición] 1926 / Colección "Mediodía". Sevilla.

[Colofón]:   Este libro de Versos de / Alejandro Collantes de Terán / se acabó de imprimir en la tipografía de Mejías y Susillo, en Sevilla, / el día quince de julio, / víspera de la fiesta de / Nuestra Señora / del Carmen / 1926.

[61 páginas tamaño doceavo. Papel ingri. Encuadernación en rústica con portada de color rojo]

LA CORREDURÍA DE SEVILLA

[Portada anterior]:   Alejandro / Collantes de Terán / La Correduría de Sevilla / . Publicada por vez primera / precedida de un recuerdo sentimental de Primavera y seguida / de un facsímil del original del autor / Fernando Bruner Prieto / C. de las Reales Academias de la Historia / y Buenas Letras de Sevilla / [grabado floral modernista] / Sevilla / Primavera / 1926-1946.

LA CORREDURIA DE SEVILLA.

ALEJANDRO COLLANTES DE TERÁN

Ilustración del poeta para su libro

EX LIBRIS
ALEJANDRO COLLANTES
DE TERAN

[Portada posterior]:   [sobre fondo azul se leen los versos "azul, blanco y amarillo / los tres colores del sol / bajo todos los caminos / Azul, ovillo del
sueño, color de ojos adorados / color de libro de versos" / [sobre fondo
blanco hay una viñeta de la Correduría y a la derecha los versos]: "Blanco
de paso y de cera, / de carta virgen, / de paloma, de tela…" / [sobre fondo
amarillo]: "Amarillo, tristeza / de la carne apasionada, / nunca contenta".

[Colofón]:   "La Correduría de Sevilla", con / cinco viñetas originales de José /
Parrilla, fue compuesta por Ma/nuel Almonacid, tipógrafo sevillano, / y se
acabó de estampar el viernes / 12 de abril de 1946, / festividad de / Nuestra Señora de los Dolores, en / Sevilla, en casa de D. Tomás Alvarez, /
maestro impresor de libros. / Laus Deo et B. M. V.

[60 páginas + 2 hojas + 6 láminas. Tamaño: 17'5 × 13 cmts. Papel guarro en
rama. Tirada a seis tintas]

SEVILLA. NOTAS DE ARTE

[Portada anterior]:   Sevilla / [Escudo de la ciudad] / Colección Aledo / Tomo II.

[Portada interior]:   Sevilla / Notas de Arte / Colección Aledo / Texto de D. Alejandro Collantes de Terán / Fotografías / de Ignacio Herrero de Collantes / Marqués de Aledo. / [Escudo de la ciudad] / Impresa por Gráficas
Reunidas, S. A. / Láminas de Kallmeyer y Gautier / Madrid.

        [Hay otra portada más que repite la anterior en francés con alguna
variante en cuanto al orden]

[249 páginas + 49 láminas fotográficas de la ciudad. Tamaño: 24'5 × 22'5 cmts.
Papel registro]

NOCHEBUENA

[Portada anterior]:   Nochebuena (Canciones populares) [impreso en letras rojas.
En la parte inferior hay una ilustración de estilo cubista en color negro
que representa figuras y adornos de un Nacimiento, y se continúa en la
portada posterior]

[Vuelta de la portada posterior]:   Los dibujos se reproducen con autorización de
"El Correo de Andalucía".

[Contenido]:   [Siete canciones]:   1.—Nacimiento; 2.—Buenaventura; 3.—Huida
a Egipto; 4.—La Virgen; 5.—El Niño; 6.—Pastores; 7.—Peregrino.

[12 páginas sin numerar. Tamaño un cuarto. Papel lito. Hay once ilustraciones de estilo modernista en tinta negra originales del autor. Representan figuras de un portal de Belén. Están situadas en la parte superior de cada página, exceptuando una que ocupa el folio central y representa el Sagrado Misterio con el Espíritu Santo y la estrella de Oriente sobre el pueblo de Belén en silueta]

POESÍAS

[Portada]:   Patronato de Publicaciones del Ayuntamiento de Sevilla / Poesías / de / Alejandro Collantes de Terán / precedidas por el homenaje literario de varios amigos / del autor / [Ex libris de la colección, a cuyos lados aparece la fecha]: Año 1949 / Industrias gráficas del Porvenir / Sevilla.

[Colofón]:   [Ex libris]   Acabóse de imprimir este libro de Poesías / de Alejandro Collantes de Terán en la / imprenta de "Industrias Gráficas del / Porvenir" de Sevilla a costa del / Patronato de Publicaciones del / Excmo. Ayuntamiento de / Sevilla el día del glorioso Patriarca San José, 19 de / marzo del año 1949 / Laus Deo.

[179 páginas. Tamaño cuarto mayor. Papel de hilo "guarro". Hay ocho ilustraciones de estilo modernista originales de Juan Miguel Sánchez]

IV. DOCUMENTOS

CERTIFICACIÓN LITERAL DE PARTIDA DE BAUTISMO

Parroquia del Sagrario. Diócesis de Sevilla. Provincia íd. Libro 103. Folio 82 vt.º núm. 311.

Don Manuel Portillo González, Pbro. Encargado del Archivo Parroquial del Sagrario de la S. I. C. Diócesis de Sevilla, Provincia de íd.

Certifica: Que el acta al margen reseñada, correspondiente al Libro de Bautismos, literalmente dice así:

«En la Ciudad de Sevilla, Capital de su Arzobispado y Provincia, á nueve de Diciembre de mil novecientos uno: El Pbro. Don Antonio Miguel Neyra Montilla, con autorización del infrascrito Don Ildefonso Quevedo y Carrera Pbro. Cura Ecónomo del Sagrario de esta Santa Metropolitana y Patriarcal Iglesia, bautizó solemnemente á Alejandro, Antonio, de la Santísima Trinidad, que nació el día dos del corriente á las cuatro de la mañana, en la casa número treinta, de la calle Castelar, es hijo legítimo de Don Antonio Collantes de Terán y Martínez, de esta naturaleza, su profesión catedrático, y de Doña María de los Dolores Delorme Cebrián, natural de Torre del Mar, en Málaga, donde se desposaron el año noventa y ocho. Son sus abuelos paternos Don Fran-

*cisco de Paula y Doña María de las Mercedes, natu-
rales de esta ciudad; y los maternos Don Alejandro
y Doña María de los Dolores, ambos de Málaga. Fueron sus padrinos Don Antonio Germain y Doña María del Carmen Cebrián Tovilla, consortes y vecinos
de Málaga, representados por Don Manuel Martínez
Reina y Doña Ana María Martínez Cebrián, viudo y
soltera, de esta vecindad, a los que advirtió el paren-
tesco espiritual y sus obligaciones, siendo testigos
Don Juan Manuel del Aguila y Don Manuel Rodríguez, Ministros de esta Parroquia. En fé de lo cual
lo firmo fecha ut supra».* Al pie de la misma hay
una firma que dice —ILDEFONSO QUEVEDO—.

Sevilla, a 3 de Diciembre de 1970

NOTAS MARGINALES

Se casó en la Parroquia de San Lorenzo de esta el 8 de diciembre de 1930,
con María Teresa Sebastián Cantó. Testigos: Juan Genovés Carles y José Martínez
Ruiz. Dr. Rexach.

RESUMEN DEL EXPEDIENTE ACADÉMICO

Facultad de Filosofía y Letras

Asignaturas	Exámenes de junio	Exámenes de Spbre.
	Curso 1916 - 1917	
— Lengua y Literatura Españolas	sin examen	Sobresaliente
	Curso 1917 - 1918	
— Lógica Fundamental	Sobresaliente	
— Historia de España	Sobresaliente	
— Lengua y Literatura Latinas	Suspenso	Sobresaliente
	Curso 1918 - 1919	
— Teoría de la Literatura y de las Artes	Notable	
	Curso 1919 - 1920	
— Historia Universal	Sobresaliente	
— Historia Universal Antigua y Media	Sobresaliente	
— Arqueología	Sobresaliente	
	Curso 1920 - 1921	
— Historia de España Antigua y Media	Suspenso	Sobresaliente
	Curso 1921 - 1922	
— Geografía Política y Descriptiva	Aprobado	
— Paleografía	Notable	

Asignaturas	Exámenes de junio	Exámenes de Spbre.
— Historia Universal Moderna y Contemporánea	Sobresaliente	
— Historia de España Moderna y Contemporánea	Sobresaliente	
— Numismática y Epigrafía	Sobresaliente	
— Paleografía	Sobresaliente	
— Lengua Latina (ampliación del primer curso)	Sobresaliente	
— Bibliografía	Sobresaliente	

Obtuvo el grado de Licenciado en la Sección de Historia el 23 de junio de 1922 con calificación de sobresaliente y el premio extraordinario fin de carrera en concurso oposición por el trabajo *La Revolución Francesa 1789 - 1815.*

Facultad de Derecho

Asignaturas	Exámenes de junio	Exámenes de Spbre.
	Curso 1917 - 1918	
— Derecho Natural	Aprobado	
— Derecho Romano	Aprobado	
— Economía Política	Suspenso	Notable
	Curso 1918 - 1919	
— Historia General del Derecho Español	Sobresaliente	
— Instituciones del Derecho Canónico	Sobresaliente	
— Derecho Político Español Comparado	Sobresaliente	
— Elementos de Hacienda Pública	Suspenso	Aprobado
	Curso 1919 - 1920	
— Derecho Administrativo	Notable	
— Derecho Internacional Público	Notable	

Asignaturas	*Exámenes de junio*	*Exámenes de Spbre.*
— Derecho Civil Español	Sobresaliente	
— Derecho Penal	Sobresaliente	
	Curso 1920 - 1921	
— Procedimientos Judiciales	Sobresaliente	
— Derecho Internacional Privado	Sobresaliente	
— Derecho Mercantil	Notable	
— Derecho Civil Español	Notable	
— Práctica Forense	Notable	

BIBLIOGRAFIA

I. *DEL AUTOR*

Zamorita. Ed. de la Sociedad de Autores Españoles. Madrid, 1922.

La Plaza de Doña Elvira. Colección "La Novela del Día". Sevilla, 1924.

A su imagen y semejanza. Colección "La Novela del Día". Sevilla, 1924.

Versos. Colección "Mediodía". Sevilla, 1926.

La Correduría de Sevilla. Imprenta de Tomás Álvarez. Sevilla, 1946.

Romancillo de la Pureza. Boletín número 57 de la Real Academia Sevillana de Buenas Letras. Sevilla, diciembre 1926.

Sevilla. Notas de Arte. Colección del Marqués de Aledo, tomo II. Sevilla, 1932.

Nochebuena (Canciones populares). 1932.

Poesías. Patronato de Publicaciones del Ayuntamiento de Sevilla. Sevilla, 1949.

II. *GENERAL*

ALONSO, DÁMASO. *Poetas españoles contemporáneos.* Ed. Gredos. Madrid, 1969, tercera ed. aumentada.

BRUNER PRIETO, FERNANDO. *Recuerdo sentimental,* en *La Correduría de Sevilla.* Op. cit.

CANO, JOSÉ LUIS. *Antología de poetas andaluces contemporáneos.* Ed. Cultura Hispánica. Madrid, 1968, segunda edición.

CHAVES, MANUEL. *Biografía del Iltmo. Sr. don Francisco de Paula Collantes de Terán.* "El Correo de Andalucía", 15 de septiembre de 1895.

GARCÍA POSADAS, MIGUEL. *Alejandro Collantes de Terán. (1901 - 1933).* "ABC", 7 de octubre de 1966.

GONZÁLEZ, BENIGNO. *Tiempo pasado*. Cuando el Ateneo llevó la cultura a los corrales sevillanos. "ABC", 18 de julio de 1969.

LAFFÓN, RAFAEL. *Claridad sin fecha*. "ABC", 15 de enero de 1948.

LAMÍQUIZ, VIDAL. *Mosfosintaxis estructural del verbo español*. Manuales Universitarios. Publicaciones de la Universidad de Sevilla. Sevilla, 1972.

LÓPEZ ESTRADA, FRANCISCO. *Joaquín Romero Murube. Verso y Prosa*. Prólogo y Selección. Ed. Homenaje al autor del Excmo. Ayuntamiento de Sevilla. Sevilla, 1971.

LLOSENT, EDUARDO. *La Sevilla literaria que yo conocí*. "ABC", 15 de agosto de 1967.

MARICHALAR, ANTONIO. *Memoria* en *Poesías*..., op. cit.

MÉNDEZ BEJARANO, MARIO. *Diccionario de Escritores, Maestros y Oradores naturales de Sevilla y su actual provincia*. Sevilla, 1922.

MERGELINA, MANUEL. *La bondad de Alejandro Collantes* en *Poesías*..., op. cit.

PEMÁN, JOSÉ MARÍA. *A Alejandro Collantes* en *Poesías*..., op. cit.

PORLAN, RAFAEL. *Luz y sombra de Alejandro Collantes* en *Poesías*..., op. cit.

Revista "Mediodía". Sevilla, 1926 - 1933.

ROMERO MURUBE, JOAQUÍN.
—Prólogo a *Poesías*... Op. cit.
—*Memoriales y Divagaciones*. Gráficas Tirvia. Sevilla, 1950.
—*Sevilla en los labios*. Luis Miracle, editor. Barcelona, 1943, 2.ª ed.
—*Los cielos que perdimos*. Gráficas Sevillanas. Sevilla, 1964.
—*Alejandro Collantes, poeta de Sevilla*. "ABC", 26 de junio de 1934.

RUIZ - COPETE, JUAN DE DIOS. *Poetas de Sevilla. De la generación del "27" a los "taifas" del cincuenta y tantos*. Publicación de la Caja de Ahorros Provincial San Fernando de Sevilla. Sevilla, 1971.

SIERRA, JUAN.
—*Una fecha* en *Poesías*... Op. cit.
—*Aclaraciones sobre "Mediodía"*. "ABC", 26 de abril de 1970.

SOTO CADAVAL, J. M. *In memoriam*. "Páginas Calasancias". Año XVI, número 203, enero de 1934.

DE TORRE, GUILLERMO. *Historia de las literaturas de vanguardia*. Ed. Guadarrama. Madrid, 1971.

VALENCIA, JUAN. *Índice bibliográfico de la Revista "Mediodía"*. Archivo Hispalense. Tomo XXXIII, números 103 - 104. Sevilla, 1960 - 61.

ÍNDICE

Se acabó de imprimir este libro en Sevilla,
el día 11 de octubre de 1973,
víspera de la Fiesta de la Hispanidad,
en los talleres de imprenta
de GRAFICAS DEL SUR, sitos en la calle
de San Eloy número 51. Laus Deo.